Georg Schmidt-Abels · Geheimnisvoller Breisgau

GEORG SCHMIDT-ABELS

Geheimnisvoller Breisgau

WEGE ZU MAGISCHEN HÜGELN

WALDKIRCHER VERLAG

INHALTSVERZEICHNIS

SÜDLICHER BREISGAU

ÖSTLICHER BREISGAU

EINLEITUNG

Es fängt oft mit einer schönen Aussicht an oder mit einer besonderen Stimmung an einem Punkt in der Landschaft, und es führt manchmal in weit entlegene Bereiche der Phantasie, in andere Zeiten und Erlebnisformen, wenn so ein Ort genauer erkundet wird. Es kann zum Beispiel ein Hügel sein, der am Rhein liegt und in gewisser Weise „geladen“ ist, weil er von den verschiedensten Völkern besiedelt war und als Brückenkopf immer wieder befestigt wurde. Auf dem Limberg bei Sasbach reicht dieser Bogen von einer steinzeitlichen Höhensiedlung bis zum Westwallbunker; die Kelten hatten hier eine Stadt, die Römer waren hier, die Franken und Alemannen.

Solche geschichtsgeladenen Hügel fallen in der Landschaft auf. Oft sind sie sagenumwoben, von Burgen oder Kapellen gekrönt, manchmal weist nur ein Name wie etwa „Heidenbühl“ auf eine alte Bedeutung hin. Fast immer konzentrieren sich dort auch Reize der Natur.

Für Freunde außergewöhnlicher Stätten werden hier 36 Orte im Breisgau vorgestellt, nicht nur Hügel, ebenso merkwürdige Plätze und Geschichten zu ihren Füßen. Die Ausflüge führen durch die Jahrhunderte und Jahrtausende, aber auch in Grenzgebiete unserer Zeit, berühren Wahrnehmungen von Wünschelrutengängern und ökologische Besonderheiten.

Von Freiburg aus ist die Reihenfolge der Orte in Richtung Norden, Westen, Süden und Osten zu verstehen. Die schönsten Hügel liegen wie Inseln in der Breisgauer Bucht, andere am Rande des Schwarzwaldes oder in einem Tal. Jeder hat seine eigenen Rätsel und Wunder, gleichzeitig werden Gemeinsamkeiten deutlich, bestimmte Situationen und Verbindungslinien, äußere und innere. Die Landschaft gewinnt so ständig an Faszination.

1

Zähringer Burgberg

Dieser Hügel ist das beste Beispiel dafür, wie ein bekannter Platz in der näheren Umgebung sehr viel mehr enthalten kann, als üblicherweise angenommen wird. Zwar hatten früher schon manche das flache Gelände um die mittelalterliche Burg bemerkt, aber daß hier eine frühalemannische Höhensiedlung stand, wurde erst jetzt bei den Ausgrabungen in den 80er Jahren entdeckt. Dabei fanden die Archäologen heraus, daß es sich um die zentrale Höhensiedlung der „Brisigavi", der Breisgaubewohner, handelt, um den Sitz eines Häuptlings oder Königs. Von dem Hügel am Rande der Schwarzwaldberge ist die ganze Breisgauer Bucht zu überblicken; er war damals eine Gegenposition zu den spätrömischen Befestigungen am Rhein.

Und dann die andere Besonderheit: Die Siedlung befand sich auf einem künstlichen Plateau, die ganze Höhe ist von Menschenhand umgestaltet worden. Die normalerweise abgerundete Kuppe solcher Gneis-Berge gibt es hier nicht mehr, sondern statt dessen gebaute Terrassen. Ein dichtes Netz von Stützmauern befindet sich im Boden, und es gehört zu den Geheimnissen, wer die umfangreichen Stein- und Erdbewegungen eigentlich vorgenommen hat. Möglicherweise stammen sie aus voralemannischer Zeit, denn dieser Hügel war schon früher besiedelt oder wurde aufgesucht, wie die Fundstücke von Römern und Kelten belegen. Ja, sie reichen sogar bis in die steinzeitliche Michelsberger Kultur zurück, für die gerade im Rheintal die befestigten Höhensiedlungen typisch sind.

Zu der auffallenden Prägung über Jahrtausende paßt es dann, daß sich die politisch so bedeutenden Zähringer ausgerechnet nach diesem Berg nannten, nachdem sie sich im Breisgau festgesetzt hatten. In einer Sage sind diese Herzöge allerdings mit einem anderen Gehalt dieses Bodens verbunden: sie seien vor Zeiten Köhler gewesen und hätten unter ihrem Meiler geschmolzenes Silber gefunden. Tatsächlich konnte während der Ausgrabungen erneut nachgewiesen werden, daß im Berg Erze, Blei und Silber anstehen und daß Spuren eines alten Bergbaues vorhanden sind. Die Pochgasse in Zähringen erinnert daran.

Durch die Pochgasse gelangen die Besucher zum Burgberg, die meisten fahren hinauf und parken beim Waldgasthaus. Doch der schönste Weg ist zu Fuß und führt kurz nach der Kirche den Burgackerweg hoch zur Vorderen Poche, von dort am oberen Rand des Leinhaldentales entlang. Zwischen Hainbuchen schießt der Blick bis in die Rheinebene hinaus; und in der Nähe fällt er auf einen ganz besonderen Platz, denn hier hat

Leinhaldenweg, Zähringen

Emil Gött gelebt und gearbeitet, der Dichter, Bauer und Erfinder, der erst in letzter Zeit richtig gesehen und gewürdigt wurde. Sein Haus am Zähringer Burgberg muß um die Jahrhundertwende so etwas wie ein „alternatives Kulturzentrum" gewesen sein, „ein Wallfahrtsort für viele, die man als Schnörkel der bürgerlichen Gesellschaft ansprechen könnte" (Franz Schneller).

Emil Gött strebte nach der Einheit von Kopf und Hand, das ständige Nebeneinander und Ineinandergreifen von Hammer, Spaten und Feder war typisch für ihn. Er arbeitete zum Beispiel an der Verbesserung von Gewächshäusern, machte Vorschläge zum Weinbau und zu einem verbilligten Häuserbau, konstruierte einen Rucksack, der gleichzeitig als Schlafsack oder Hängematte dienen konnte, erfand die ausfahrbare Feuerwehrleiter, dachte über eine Schutzvorrichtung gegen Eisenbahnunfälle nach, über Flugprobleme und medizinische Fragen. Er suchte nach einem neuen spinnbaren Rohmaterial und erfand kurz vor seinem Tod ein Verfahren, um aus dem Ginster eine Faser zu gewinnen. Und das nicht aus geschäftlichem Interesse, sondern um der notleidenden Schwarzwaldbevölkerung zu helfen, wie überhaupt seine Erfindungen aus seiner menschen- und lebensfreundlichen Einstellung zu verstehen sind. In sein Tagebuch schrieb er im Jahr 1900: „Ich habe nur den einen und höchsten Wunsch, ein tägliches Gebet: Nur dem Leben nicht schaden!"

Noch ein Platz beim Zähringer Burgberg hat mit einem außergewöhnlichen Mann zu tun und mit einer wenig bekannten Geschichte: die „Rottecksruhe" in Richtung Roßkopf, ein Rastplatz mit Schutzhütte und Feuerstelle, alten Bäumen und einem Gedenkstein. Hier an der Paßhöhe, wo es vom Reutebachtal zum Wildtal hinübergeht, stand früher der „Schönihof", ihn hatte Carl von Rotteck, der berühmte Gelehrte und

Zähringerstraße
Fürstenberg
Pilsener
Holzäpfel
zur
Rottecksruh
Neuer
Süßer
vom
Kaiserstuhl
Fürstenberg
Frischer
Zwiebel

Zähringen

liberale Politiker in der Zeit vor der 48er Revolution, als Erholungsheim und Sommerfrische auserkoren. In dieses Bauerngut hat er sich auch zurückgezogen, wenn ihm die Regierenden in Karlsruhe wieder einmal zusetzten.

Nach Rottecks Tod wurde der Hof nach Zähringen verlegt und schließlich zur Gastwirtschaft umgebaut. Auf diesem Weg kam es dazu, daß in dem Eckhaus am Kirchhofweg, nahe der Straßenbahnstation, Steine vom „Schönihof" stecken und im Namen der dortigen Weinstube die „Rottecksruhe" enthalten ist: „Holzäpfel zur Rottecksruh". Als der Küfermeister und Weinfachmann Christian Holzäpfel im Jahr 1930 das Anwesen übernahm, behielt er den alten Namen bei, was nachträglich Anerkennung fand, „weil das Gedenken an einen sehr verdienten Vorkämpfer für Recht und Demokratie dadurch wachgehalten wird".

Aber zurück zur „Rottecksruhe" oben im Wald, denn in der Umgebung laden zwei Stellen zu besonderen Naturerlebnissen ein: unterhalb des Rastplatzes das romantische Tälchen mit exotischen Bäumen im Quellgebiet des Altbaches und oberhalb der „Martinsfelsen", der Pfad dorthin zweigt bald über der Schutzhütte vom breiten Weg ab. Vom Felsen am Nordosthang des Roßkopfes reicht der Blick zum Kandel und weit das Elztal hinauf. Die Gegend wird wenig begangen, im Gegensatz zur anderen Roßkopfseite nach Freiburg hin. Ein Glück für alle, die Ruhe suchen - und ein Vorgeschmack auf das Elztal, wo es mehr davon gibt.

2

Mauracher Bergle

Wo das Elztal in die Breisgauer Bucht mündet, ragt dieser Hügel wie eine Insel aus der feuchten Niederung, und von seiner Höhe ist eine weite Übersicht in alle Richtungen möglich. Das Bergle bei Denzlingen hat schon durch seine abwechslungsreiche Mischung aus Gärten und Rebstücken, Obstbäumen und Wald besondere Reize, noch mehr aber durch seine geschichtlichen Klänge und Sagen. Die Ruine der Severinskapelle oben im Wald auf der Bergnase, die zum Elztal weist, gehört zu den stimmungsvollsten Plätzen weit und breit. Hier soll die erste christliche Kirche der Gegend gestanden haben, so heißt es in der Sage. Hierher seien die frommen Bewohner von ihren oft weit entfernten Höfen gekommen, und die Messe habe erst begonnen, wenn auch die Entferntesten, „der Simon vom Walde mit den Seinigen“, angekommen waren.

Auch wenn diese Version von der ältesten Kirche der Gegend angezweifelt wurde, hat das Mauracher Bergle doch nichts von seiner Magie eingebüßt. Denn die Überlieferungen reichen hier in vorchristliche Zeiten zurück. Eine „Volks- oder Fluchtburg der Kelten“ wird im Denzlinger Heimatbuch erwähnt und ein römischer Bacchustempel auf dem Sonnhaldenbuck. An der Stelle, wo das Severinskirchlein gebaut wurde, sollen römische Ruinen gewesen sein, und von römischen Mauern habe der Ort seinen Namen erhalten, ebenso das altfränkische Hofgut am Fuße des Hügels (curtis Muron) - der Mauracher Hof.

Zu diesem großen Anwesen gehörte die Severinskapelle, einer der Hofbesitzer hat sie wohl bauen lassen. Im Laufe der Zeit wurde sie zu einer Wallfahrtskirche, im 30jährigen Krieg zerstört und später zu einem Wallfahrtsort anderer Art: „Von hohem poetischen Reiz umflossen, ruht die kleine Ruine in ihrem stillen Waldbett“, so Wilhelm Jensen im Jahr 1900. Heute ist es hier oft gar nicht still. Denzlingen ist rapide gewachsen, das Bergle für viele ein Freizeitgelände. Das kann stören, wenn jemand die feineren Schwingungen spüren will, die es hier geben soll. Wünschelrutengänger haben hier - wie auch an anderen alten Kultstätten - besondere Verhältnisse festgestellt.

Der Elsässer Adolphe Landspurg hat viele Plätze im Schwarzwald und in den Vogesen mit seinen Methoden untersucht. In seinem Buch „Orte der Kraft“ erklärt er dazu: „Dank der Radiästhesie, eines ebenso antiken wie umstrittenen Wissenszweiges, messen wir an den Orten der Kraft, diesen Akupunkturzonen der Erde, Schwingungen, magnetische Felder, Schwingungsebenen und verschiedene Strahlungen, die sich hier konzentrieren. Außerdem können wir mit Hilfe eines Pen-

Severinskapelle, Denzlingen

dels und eines Diagrammes Datierungen erstellen und Wellen analysieren, die von Objekten ausgestrahlt werden."

Über den Standort der Severinskapelle schreibt er: „Der gesamte Gipfelbereich stellt einen kosmo-tellurischen Kamin dar ... Ich stelle mehrere Datierungen, die ausschlaggebenden Kulte dieser Stätte betreffend, an. Mit Hilfe des Datierungsdiagrammes zeigt mir mein Pendel die Jahre 720 v. Chr., 150 n. Chr., 680 n. Chr. und 1280 n. Chr. an."

Sehr erstaunlich das Ganze, besonders die Datierung der Kulte. Bis in solche Grenzgebiete reichen die Erkundungen auf diesem unscheinbaren Bergle. Dazu kommen schließlich noch die mysteriösen Dinge im Mauracher Hof. Die Denzlinger Dorfsagen berichten in einer auffallenden Häufung über geisterhafte Erscheinungen, die vor allem mit einem früheren Grundherrn, dem Kaufmann Sonntag, zu tun haben. Er soll ein hartherziger und geiziger Mensch gewesen sein und habe deshalb nach seinem Tod keine Ruhe gefunden. Immer wieder sei er in vielerlei Gestalt umgegangen, im Hof und in der Umgebung, auch auf dem Privatfriedhof der Familie Sonntag neben der Kapelle. „Die Pächter des Mauracher Hofes hatten es schwer", so heißt es in einer der Sagen. „Selbst ihre Wäsche konnten sie nicht mehr aufhängen. Gleich ob im Freien oder auf dem Speicher. Alle Wäschestücke, die sie an der Wäscheschnur aufhängten, wurden vom ruhelosen Geist heruntergerissen, zu Boden geworfen und überall zerstreut."

Eine Denzlingerin habe eines Tages im „Mauracher Hölzle" eine Kutsche ohne Pferde gesehen, auf der ein Mann saß: „Wer da durch den Wald fuhr, war, wie die Frau deutlich sah, der verstorbene Sonntag." Bauern sollen ihn hoch zu Roß gesehen haben oder als schwarze Gestalt, „die immer größer wurde, glühende Augen hatte und schrecklich anzusehen war". Drei Zechbrüder seien am Mauracher Bergle von einer Geisterhand

Mauracher Hof, Denzlingen

gepackt und in den Graben geworfen worden, nachdem sie gerufen hatten: „Kriz Sakrament Sonntag, Kriz Sakrament Sonntag, komm her, wenn du ebbis wit!“ Auch als Hund sei der ruhelose Geist erschienen, habe jeden „mit halb tierischem und halb menschlichem Gebell und Geschrei“ verfolgt. Außerdem ist von einem geisterhaften Ziegenbock und einer Invasion schwarzer Katzen auf dem Mauracher Hof die Rede. Derartiges ist heute bei einem Besuch in der urigen Wirtschaft natürlich nicht zu befürchten …

3

Suggental

Der Eingang des Elztals hat schon mit dem Mauracher Bergle einen geschichtsträchtigen und sagenumwobenen Ort. Gleich gegenüber geht es mit ähnlichen Reizen weiter. Im Suggental kann in idyllischer Landschaft ein Stück Bergbaugeschichte erlebt werden, mit allerlei Merkwürdigkeiten gespickt.

Im Gelände sind noch an manchen Stellen Vertiefungen zu erkennen, sogenannte „Pingen", wo früher Schächte waren; und die Bauern haben immer wieder berichtet, daß der Boden eingebrochen sei. „Kei Hamberle dät hier mehr schlofe, wenn er wißt, wie hohl der Berg isch, uf dem der Hof stoht." So zitiert Willi Thoma den Vogelsanghofbauer und fügt hinzu: „Was besagen will, daß Suggental und seine Berghänge von einem dichten Netz unterirdischer Gänge durchzogen sind."

Der Bergbauförderverein Suggental hat Stollen aus verschiedenen Zeiten geöffnet und zugänglich gemacht. Der Kontakt zu den Leuten ist über die Waldkircher Stadtverwaltung zu bekommen. Eine Führung in den Untergrund vermittelt viel von der Materie. Die Eingänge sind im oberen Tal an der Straße, die Stelle wird durch einen Holzturm am Hang markiert.

Im Mittelalter wurde hier Silber gewonnen, später haben die Österreicher das Bergwerk erweitert, und in unserem Jahrhundert wurde bis in die 30er Jahre Schwerspat geholt. Die Stollen aus den jüngeren Phasen, als schon mit Sprengungen gearbeitet wurde, sind relativ gut zu begehen; in den ältesten Teilen, mit Schlägel und Eisen in den Fels gehauen, wird es eng und nieder, gebückt geht es langsam voran.

Für diese Stollen interessieren sich die Bergbaufreunde besonders. Das hat mit dem Untergang des Suggentals zu tun, das damals ein blühendes Bergbaurevier war, so dicht besiedelt, „daß die Katzen von der Elz bis zum obersten Hof im Thal auf den Dachfirsten spazieren konnten", heißt es in der Überlieferung. Aber im Jahr 1298 sei das Tal bei einem Unwetter überschwemmt worden und von der ganzen Einwohnerschaft nur ein alter Mann mit seinem Sohn am Leben geblieben sowie ein Baby in seiner Wiege, die auf den Fluten schwamm.

„Man hatte zur Betreibung der Pumpenkünste weiter oben im Tal einen Stausee gebaut", erzählt Gerd Burger vom Bergbauverein, „der Staudamm ist bei dem Unwetter gebrochen, und die ganze Anlage wurde unter Wasser gesetzt. Dabei sind etwa 300 Bergleute in den Stollen ertrunken. Die liegen zum großen Teil alle noch hier drin, und das ist ja auch unser Ziel, bis in diese Bereiche vorzustoßen, um zu erforschen: mit welchen Mitteln haben sie gearbeitet, welchen Alters waren sie, haben Kinder darin gearbeitet und und und."

Suggental

In der Sage wird die Katastrophe als Strafgericht Gottes gedeutet: „Auf der heutigen Schloßmatte stand ein stattliches Grafenschloß. Darin, wie auch in dem ganzen Orte, herrschte großer Reichthum, zugleich aber ungemeine Hoffahrt und Üppigkeit." Als die junge Gräfin mit dem Oberhauptmann der Bergleute Hochzeit feierte, sei der Übermut so groß geworden, „daß die Gäste das Weiche im Weißbrot herausschnitten und in den hohlen Krusten, als wären es Schuhe, herumtanzten".

Mitbeteiligt an der Sintflut, die darauf folgte, war vermutlich eine künstliche Wasserleitung, der „Urgraben", der von der „Platte" auf dem Kandel am oberen Rand des Glottertals entlang ins Suggental führte. Dort wurde die gesammelte Wasserkraft wohl für den Bergbau genutzt.

„Welche gigantische Arbeit dazu gehörte", so Josef Ruf 1923, „kann kaum der ermessen, der es versucht, den Spuren dieses über 15 km langen Kanals nachzugehen. Sprengmittel gab es damals noch nicht, und doch sahen wir im oberen Glottertal (in des alten Vogts Wald) einen mächtigen Felsen durchbrochen. Es ist fast unbegreiflich, wie man Wasser durch dieses metertiefe Fels- und Steingeröll leiten konnte, ohne es versickern zu lassen. Wahrscheinlich waren streckenweise Boden und Seiten des Kanals mit Holz ausgekleidet. Über Breite und Tiefe kann man nur unsichere Angaben erhalten. Jedenfalls war es ein starkes Wasser, das durch den Urgraben ins Suggental geleitet wurde. Sind es doch lauter wasserreiche Bergbäche, die durch den Kanal aufgefangen wurden."

Das könnte sich bei einem Unwetter verhängnisvoll ausgewirkt haben.

„Wer jetzt durch das stille, anmutige Suggental wandert, kann sich kaum vorstellen, daß sich in diesem Tal einstmals das laute Treiben der Bergleute entfaltete, die Pochwerke lärmten, die Schmelzöfen rauchten und die Kohlenmeiler qualmten." Der Heimatforscher Willi Thoma hat bei seinen Erkundungen entdeckt, daß Bergbauspuren selbst auf den Bergspitzen zu finden sind, so auf dem Hornbühl über dem Tal. Bergbau wurde auch am Einbollen betrieben, diesem auffallend rundlichen Hügel auf der anderen Seite. Und es gibt eine Sage über ihn - eine weitere Merkwürdigkeit:

„Einst war der Einbollen mit einer glatten Schale umhüllt. Bei einem furchtbaren Hagelwetter entstand in der Hülle ein Loch, das immer größer wurde und schließlich wie ein Stollen aussah. Allerlei Zwerge und Kobolde kamen dann zum Vorschein. Der Berg spie unter Groll und Getöse die Lava aus. Es dauerte lange, bis sie erkaltete."

Der Bergbau am Einbollen reicht wahrscheinlich in die Römerzeit zurück. In Schmelzwerkstätten am Mauracher Bergle soll das Erz verarbeitet worden sein.

4

Kandel

Wie ein „Fudschijama des Breisgaus“ erscheint er majestätisch von der Ebene aus, und bei Schnee leuchtet seine Kuppe; dann fegen wieder Wolken, vom Westwind getrieben, über den Gipfel, und der „Wilde Jäger“ fährt an der Spitze eines Gespensterheeres durch die Lüfte.

Als Treffpunkt der Hexen galt früher der Kandelfelsen, die „Teufelskanzel“, hierher sollen die wilden Weiber in der Walpurgisnacht geflogen sein, um orgiastisch zu feiern. Und es war eine Ironie der Geschichte, daß der markante Felskopf im Jahr 1981 ausgerechnet in der Walpurgisnacht abgestürzt ist. Dazu wurde noch zwischen den Bruchstücken ein Reisigbesen gefunden, was für zusätzliche Aufregung sorgte.

Sie war vielleicht deshalb so groß, weil mit dem Kandelfelsen der empfindliche Punkt getroffen war, wo nach der Sage ein unterirdischer See hervorbrechen und das Elztal überschwemmen könnte. In verschiedenen Versionen geht es um Versuche des Teufels, diesen Felsen wegzuräumen und so den Verschluß zu öffnen. In Gestalt eines Jägers überredet der Böse einen Hirtenbuben, mit einem Zug Ochsen den Felsen wegzuziehen, aber als dieser nach alter Gewohnheit rief: „Voran denn in Gottes Namen!", brach ein Unwetter los, die Erde zitterte, und im Innern des Berges erhob sich ein Rauschen und Toben, „als ob der Sturm ein ganzes Meer aufwühlte und dieses durch eine schmale Schlucht hervorbrechen möchte. Im Nu verschwand der Jäger, und aus dem Gebüsche reckte sich der schwarze, mit langen spitzen Zähnen besetzte Rachen eines Ungeheuers mit fürchterlichem Gebrülle, welches das im Berge noch überschallte, dem Knaben entgegen."

Einen ähnlichen Versuch machte ein „fremder Mann mit einer außerordentlichen Menge lebender Füchse. Er schlug in den Kandelfelsen einen goldenen Lotkeil und spannte an dessen Ring die Füchse, einen vor den anderen ..." Genauso erfolglos blieb „eine Schar Hexen, die einst mit gläsernen Äxten den Kandelfelsen durchhauen" wollten. Sie wurden vom Geläut der Margarethenglocke in der Waldkircher Stiftskirche vertrieben.

Auch bei dem „dumpfen Niedergang eines stolzen Felsenturms", so die Badische Zeitung 1981, hatten die Hexen kein Glück. „Da 'nur' das Oberteil brach, blieb der See im Kandel verschlossen ... Hoffentlich können ängstliche Gemuter wieder schlafen."

Seltsam geformte Felsen haben die Menschen schon immer beschäftigt. „Wenn der Nebel um die Felsen wallt, scheinen sie sich zu bewegen und auf geheimnisvolle Weise zu leben." (Willi

Thoma) Oft wurden sie als heidnische Kultstätten gesehen, wie es in den Namen „Heidenstein“ oder gar „Heidenkirche“ zum Ausdruck kommt. Über den Kandelfelsen sagt Adolphe Landspurg, der Rutengänger aus dem Elsaß: „Ich glaube, daß der Kandelfelsen auch die Erinnerung an Opfer gespeichert hat, die am Rand der Klippen hier vollzogen wurden. Diese Opfer an die Götter waren Bestandteil eines heiligen Rituals, dessen Schwingungsfarbe wir gemessen haben. In der Erinnerung des Volksmundes ist der Kandelfelsen Treffpunkt aller Hexen und Hexer des Breisgaus geblieben.“

In den Vogesen sind sonderbare Felsen oft mit Feen verbunden und mit weißgekleideten Frauen, die dort tanzen. Das fällt in den elsässischen Sagen auf. Es gibt also noch andere Geschichten an solchen Orten, nicht nur mit Hexen und dem Teufel wie hier. Vielleicht sollte auch der Kandelfelsen eine neue Prägung bekommen, als der alte Kopf abgestürzt ist.

5

Neun-Geschwister-Kapelle

Für den Wanderer hält das Elztal so manche Überraschung bereit, zum Beispiel taucht hinter Waldkirch am Weg nach Siensbach ein seltsamer Name auf: „Zur Neun-Geschwister-Kapelle“. Kurz vor dem Ziel noch einmal der Hinweis, und der ist auch nötig, sonst würde man das bescheidene Häuschen glatt übersehen. Nicht auf einem Hügel steht diese Kapelle, sondern versteckt in einer Mulde an einer feuchten Stelle. Die enge Verbindung mit einer Quelle fällt auf, das Wasser ist sogar direkt neben dem Altar im Boden zugänglich, die Leute waschen sich die Augen aus und trinken davon, manche nehmen es in Flaschen mit.

Nur am Sonntag ist die Kapelle geöffnet - zum Rosenkranz um 15 Uhr. Dann gibt es Gelegenheit, Leute von den Bauernhöfen kennenzulernen und die Geschichte von der Notburga zu hören, der schottischen Königin, die nach ihrer Vertreibung hier herumgeirrt sei. An dieser Stelle habe sie neun Kinder geboren und an der Quelle getauft - eine Überlieferung, die auch an anderen Orten zu finden ist, zum Beispiel am „Heiligenbrunnen" bei Hinterzarten. In Wirklichkeit wurde die Notburga-Legende von Bühl im Klettgau übertragen.

In der Siensbacher Kapelle ist von der Notburga kaum etwas zu sehen, dafür prangen auf drei Altarbildern drei weitere Frauen mit ebenfalls reichem Kindersegen: die heilige Felicitas, die heilige Symphorosa und die makkabäische Mutter mit ihren jeweils sieben Söhnen. Auf Grund dieser Häufung und in Verbindung mit der Quelle wird vermutet, daß es sich hier um einen alten Wasser- und Fruchtbarkeitskult handelt. Die ursprünglich heidnischen Göttinnen sind wohl durch Frauen aus der christlich-jüdischen Glaubenswelt ersetzt worden. So weit reicht der Besuch an diesem unscheinbaren Ort - bis zur Erinnerung an ein vorchristliches Quellheiligtum.

Von den kahlen Hügeln in der Umgebung reicht der Blick weit das Elztal hinauf und hinab. Und die alte Bäuerin, die seit vielen Jahren die Kapelle betreut: sie hat muntere Augen, trägt Tracht, hat ein schwarzes Band ins graue Haar geflochten. Der Weg nach Kollnau hinunter führt unter einer Betonbrücke der Schnellstraße hindurch und am Platz eines Hundesportvereins vorbei. Eine kontrastreiche Gegend. Kaum zu glauben, was sich ganz in der Nähe versteckt.

6

Hörnleberg

Beim Blick ins Elztal fällt er immer wieder auf, dieser spitze Berg dort hinten, der sich so sehr von den anderen Bergen unterscheidet - in seiner Form, aber auch in seiner religiösen Prägung. Denn dort oben soll sich schon in vorchristlicher Zeit eine Kultstätte befunden haben. Es sei uralte Tradition, so schreibt ein Chronist vor zweihundert Jahren, „daß auf dem Hörnleberg ein heidnischer Sonnentempel gestanden, bey Einführung des Christentums aber in eine Marienkapelle sey verwandelt worden."

Zu diesem Heiligtum pilgern die Menschen aus dem Elztal und aus der Umgebung auch heute mit besonderer Vorliebe, wie der Betrieb an den Wochenenden zeigt. Dann werden (von Mai bis November) Gottesdienste gehalten, und die Pilgergaststätte ist geöffnet. „Schön und wichtig ist, daß sich im Anschluß an den Wallfahrtsgottesdienst die Menschen noch versammeln können zum Vesper, zum Frühstück“, so erzählt der junge Pfarrer Lukas Wehrle, „es gibt heiße Würste, Linzertorte, Bier, Wein, Kaffee, was das Herz begehrt. Und das macht eigentlich auch diesen Ort aus, daß so das geistliche Wohl mit dem leiblichen Wohl zusammenkommt.“

Der Pfarrer wohnt in Oberwinden, dort beginnt auch der klassische Aufstieg (5 km). Zuerst noch schöne Ausblicke, dann durch den Wald steil und steinig hinauf, ein richtiger Büßerweg. Später bequemer nach Bleibach hinunter zur Bus- und Bahnstation. Oder mit dem Auto ebenfalls von Oberwinden bis zu einem Waldparkplatz, von dem es nur noch eine halbe Stunde zu Fuß bis zum Gipfel ist. Bis zur Kapelle, nein, sie ist eine richtige kleine Kirche mit einer langen, wechselvollen Geschichte, mehrmals durch Blitzschlag zerstört und immer wieder aufgebaut.

Aber das Stärkste ist die Position in der Landschaft auf diesem 900 Meter hohen „Hörnle“ über dem Elztal. „Und das ist ja auch mehr als nur eine äußere Wander-Erfahrung“, so Pfarrer Wehrle. „Der Mensch, der den Berg besteigt, der läßt das Tal zurück und damit auch viele innere Täler, er läßt Schwierigkeiten zurück, sie werden klein von oben, nicht nur die Häuser, sondern eben auch Probleme. Man gewinnt oben einen Ausblick, nicht nur nach außen, sondern auch irgendwie über das Leben.“

Die Legende erzählt über den Anfang der Wallfahrt, daß ein blinder Mann im Elsaß versprochen hatte, auf dem Berg eine Kapelle zu stiften, den seine Augen zuerst erblicken würden, wenn er wieder sehen könnte. Heute ist dieser Berg ein Blickpunkt für viele - geheimnisumwoben - auch das braucht der Mensch.

„Der Berg hat irgendwie eine Ausstrahlung auf die Menschen“, sagt Pfarrer Wehrle, „und zwar nicht nur auf ganz fromme Leute, die jeden Sonntag in die Kirche gehen. Ich treffe oben immer wieder auch Menschen, die nicht so sehr den engen Kontakt zu einer Pfarrgemeinde haben, aber die sagen: Wir lieben den Hörnleberg.“

7

Heidenbühl

Die Seitentäler des Elztals sind zum großen Teil immer noch stille Rückzugsgebiete, und das waren sie offenbar schon in alter Zeit. Flurnamen wie Heidenbühl, Heidenacker, Heidenwald und Heidenberg häufen sich vom Kohlenbachtal bis zum Prechtal in auffälliger Weise. „Sie zeigen wohl die letzten Fluchtorte der Kelten in unserer Gegend an“, meint Willi Thoma, der viele solcher Orte kennt.

Markante Ziele sind besonders die Hügel, bei denen er gemeinsame Merkmale festgestellt hat: „Die Berge, die im Elztal den Namen Heidenbühl tragen, zeichnen sich durch Kugelförmigkeit und schöne Form aus. Meist liegen sie im Mündungswinkel zweier Quellbäche, so in Niederwinden-Schwangen und in Siegelau-Reichenbach. Auch die Heidenbühle in Biederbach und Prechtal-Reichenbach fallen durch ihre schöne landschaftliche Lage auf. Dienten diese Hügel als Wehrbauten oder als Kult-und Begräbnisstätten?“

Grund genug, sich solche Stellen anzuschauen, zum Beispiel den Heidenbühl bei Niederwinden: eine Bergzunge, die mit dem Massiv des höheren Bergrückens nur durch eine schmale Landbrücke verbunden ist und nach vorn im „Schutzwinkel zusammenfließender Wasserläufe“ eine Spitze bildet.

Der Weg führt von Niederwinden zunächst über die Elz und streift dort den ersten sagenhaften Punkt: „In Niederwinden, am vorderen Schwangen, wo die Elz in der Nähe einer Felswand fließt – im Hintergrund liegt der Heidenbühl –, geistert der Kesselritter. Die Elz weist dort eine beträchtliche Tiefe auf. Die Pferdehalter benutzten den Gumpen oder Kessel, wie er in Niederwinden heißt, als Pferdeschwemme. Einst soll, so erzählen die Alten, ein Reiter mit Pferd in diesen Gumpen gesprungen und nicht mehr zurückgekehrt sein.“

Weiter den Heidenbühlweg, so heißt er offiziell, an dem besagten Zusammenfluß der beiden Bäche vorbei und in das linke Tälchen hinein. Dann hinten den steilen Hügel hinauf, im Sommer blühender Ginster, ein Teppich von Walderdbeeren auf einem Wegstück, Rehe springen dicht vorbei. Ganz oben vom Waldrand überraschend der Blick in das versteckte Tälchen auf der anderen Seite - zwei einsame Höfe zwischen Wiesen und Feldern. An Reizen spart dieser Heidenbühl nicht. Er kann zwar keine alten Gemäuer vorweisen, doch er kann dazu anregen, einen Platz in der Landschaft intensiv zu erleben - auch mit der Phantasie.

Beim Blick zu der Höhe dahinter kommen wieder die Hexen ins Spiel: „Hoch auf der Wasserscheide, wo die drei Gemarkungen Katzenmoos, Niederwinden und Siegelau aneinander-

Niederwinden

grenzen, auf einer Ebene", so heißt eine Sage, „trafen sich die Hexen zu nächtlichem Tanz und Gelage. Heimkehrer, die sich in den Wirtshäusern in Oberspitzenbach, auf dem Siegelauer Eckle oder auf der Bäreneck verspätet hatten, wurden oft in die Irre geführt. Dabei hatten es die Hexen besonders auf die Musikanten abgesehen, die etwa von einer Hochzeit kommend auf dem Heimweg spät in der Nacht an diesem Platz vorbei mußten. Oft kamen die Gefoppten an einem weit von ihrer Behausung entlegenen Ort oder an ihrem Ausgangspunkt wieder an."

Und beim Blick hinunter taucht vielleicht der dämonische „Binkenhase" auf, ein Berggeist, der in sagenhafter Weise an den alten Bergbau erinnert. Sein Name kommt von den „Pingen", den verstürzten Schächten, in denen er sein Unwesen trieb. Wie dazu Willi Thoma berichtet, wird eine keltoromanische Bergbausiedlung in Winden vermutet.

In ähnlicher Lage wie der Heidenbühl bei Niederwinden befindet sich der Gehrbühl bei Oberwinden im Erzenbachtal. Und die Gehren-Flurnamen werden von Willi Thoma gleich gedeutet wie die Heiden-Namen. Ebenso zeigen die häufigen Gummen-Namen wie Gummenhof, Gummenacker, In der Gumme und Gummenwald (mit der Bedeutung „Tal, Schlucht, Mulde") „in seltener Eindringlichkeit das letzte Refugium der Kelten, die vor den Alemannen aus der Ebene in die Berge flohen".

Hier habe nicht Keltophilie oder Entdeckungsfreude zu voreiligen Schlüssen geführt. Ähnlich wie für den Jura und die Schweizer Voralpen könne man auch für Teile des Schwarzwaldes feststellen, „daß sich voralemannische Substrate zäh über die Jahrhunderte hinweg erhalten haben".

Wenn heute an einem Stammtisch in Winden rothaarige Männer durch ihr „keltisches" oder „irisches" Temperament auffallen, schreien und singen, könnte jemand an die alten Geschichten denken. Aber das ginge dann doch etwas zu weit...

8

Yach

Das langgestreckte Seitental zieht sich von Elzach aus ins Gebirge hinein, und oben lockt eine Felsenwildnis, die eine spannende Wanderung verspricht. Am Elzacher Bahnhof weist eine Tafel zum „Siebenfelsen“ (8,5 km), der Name läßt sich gut merken, und er sieht dann wirklich so aus, als seien sieben Blöcke zu einer hohen Figur aufeinandergesetzt.

„Die Stelle ist überaus angenehm“, notiert Adolphe Landspurg. „Die Schwingung des Ortes ist sehr stark. Wir datieren einen ersten Kult auf 1900 v. Chr., einen zweiten auf 730 v. Chr. und einen dritten auf 400 v. Chr.“

Aber der Siebenfelsen ist nur der Vorbote, weiter oben sind auf den bewaldeten Kuppen noch stärkere Stellen versteckt. Das ist etwas für Entdeckernaturen.

Der Weg führt jetzt Richtung „Gschasi“ bis zur Wegkreuzung „Auf dem Eckle“, von dort quer durch den Wald auf den Rücken, der auf der Karte „Belchwald“ heißt. Der Name läßt an die Belchen-Berge denken, die nach dem keltischen Sonnengott Belenos benannt sind. Und tatsächlich werden die Erwartungen nicht enttäuscht: Wie von Riesenhänden aufgehäuft erhebt sich plötzlich eine Felsenburg. Sie läßt sich gut besteigen, von einem rundlichen Brocken zum andern. Über Moose und Flechten hinweg und zwischen kleinen Bäumen hindurch, die aus den Spalten wachsen, ist bald die höchste Stelle erreicht, wo sich im allerobersten Stein eine Schale dem Himmel öffnet.

In den Vogesen sind solche „Schalensteine“ häufig zu finden, sie werden dort als alte Kultstätten gedeutet. Von dort ist auch eine konkrete Nutzung überliefert: „Im elsässischen Niederbronn, wo einst eine keltische Diana als Quellgöttin verehrt

Siebenfelsen bei Yach

Schalenstein bei Yach

wurde", so berichtet Hans Peter Duerr, „trugen noch bis in unser Jahrhundert hinein Frauen, die sich eine Schwangerschaft erhofften, Wasser aus der Mineralquelle ins umliegende Gebirge und gossen es dort in die sogenannten Schalensteine."

Über den Felsen im Belchwald gibt es alle möglichen Vermutungen von der Opferstätte bis zur Signalstation (eine Art „keltisches Telefon"). „Unsere Messungen bestätigen", so Adolphe Landspurg, „daß wir uns am Gipfel des Belchberges tatsächlich an einer Stelle mit außergewöhnlich hoher Energie befinden ... Ich versuche die Kulte zu datieren, die möglicherweise diesen Felsen geprägt haben, und erhalte drei verschiedene Datierungen: 1950 v. Chr., 825 v. Chr. und 80 v. Chr."

Abgesehen von diesen kühnen Aussagen erzeugen die vielen herumliegenden Steine eine starke Szenerie. In der Nähe fallen auch einige kleine Hügel auf, die wie Gräber aussehen. Und auf den Bergen in der Umgebung finden Freunde außergewöhnlicher Stätten weitere Felsgebilde. Das zieht sich so Richtung Oberprechtal und Hinterprechtal. Dort könnte die Felsentour an anderen Tagen weitergehen - zum Schwabenfelsen, Gschasifelsen und Schlangenfelsen oder zum Fuchsfelsen, Bauernfelsen und Karlstein auf der anderen Seite der jungen Elz. Möglichkeiten gibt es genug.

Wer sich aber in die „Niederungen" der Dorfsagen begibt, findet im Tal von Yach ebenfalls einen mysteriösen Platz: „Wo Rauchengrund und Tränklesgrund bei der sogenannten neuen Brücke zusammentreffen, liegt, sich am Katzenbühl anlehnend, eine kegelförmige Erhöhung mit dem Namen Schloßbühl. Sie ist fast ganz bewaldet. Vor einem Jahrtausend soll hier ein Schloß gestanden haben, Überreste sind jedoch keine mehr zu finden."

Wie an so vielen Plätzen berichtet die Sage von Schätzen und einem geisterhaften Hund als Wächter. Das Gold soll von einem grausamen und habgierigen Ritter stammen. Der Schloßbühl wird auch „Teufelshofstatt" genannt. Vor noch nicht langer Zeit sei hier oben ein Mann aus dem Rauchengrund ermordet worden. Und jetzt sei es überhaupt nicht mehr geheuer.

In den übrigen Sagen aus Yach geht es ebenso unheimlich zu. Auf dem Roßbauernhof wurden die Pferde nachts von einem Geist entführt, im Biggertloch am Fuße des Belchbergs spukte eine geisterhafte Schweineherde, und in der „Sunne" lehrte ein Wunderdoktor oder Sympathiedoktor, der die schwarze Magie beherrschte: „Er hets Maidle vons Wolfsbure hypnotisiert. Die Henne sin in d'Schtube g'floge, d'Guller tanzt auf dem Tisch, die Herdepfel rollen die Stäge nuf, wenn ders nur well het", erzählen die alten Yacher. Der Pfarrer hat schließlich den Teufelsspuk ausgetrieben.

Eine Ergänzung zur Sage vom Schloßbühl: Eine Burg wurde hier wirklich nachgewiesen. Sie war wohl in Fachwerkbauweise errichtet, deshalb sind keine Steinmauern zu finden. Und an einer anderen Stelle im Tal weist der Flurname „Schlößle" ebenfalls auf einen Wehrbau hin. „Aus heutiger, auf Autofahrstraßen ausgerichteter Sicht, erscheint die Anlage der beiden Burgstellen im hinteren Bereich des Yachtales wenig Sinn zu machen", schreibt Gabriele Weber-Jenisch. „Die Burg auf dem 'Schloßbühl' und die Warte auf dem 'Schlößle' kontrollierten aber wohl einen Saumpfad, der bis zur Mitte des 18. Jahrhunderts als einziger das hintere Elztal durchquerte und über den Rohrhardsberg nach Triberg und Furtwangen und weiter auf die Baar führte."

9

Heidburg

Bei dem Namen Heidburg denken die meisten wohl nur an den Paß zwischen Elztal und Kinzigtal und an das ehemalige Gasthaus auf der Höhe, aber daß in der Nähe wirklich eine Burg stand, wissen viele nicht, noch weniger kennen sie die Stelle auf dem steilen Sandsteinkegel - einen sehr speziellen Ort, auf dem Sträßle zu erreichen, das zum Biereck führt.

Von den Burgmauern ist zwar nichts mehr übrig, die Leute aus der Umgebung haben die Steine als Baumaterial geholt, ja sie haben sich bis in den felsigen Untergrund hineingearbeitet. „Heinrich Hansjakob bei den Steinhauern auf der Heidburg" zeigt ein Bild am Fuße des Hügels, am „Hansjakobweg", der hier verläuft.

Auf der Heidburg

Dieser ausgebeutete Burgplatz ist heute ein verwilderter und aufregender Ort, kaum zu unterscheiden sind menschliche Eingriffe von Gestaltungen der Natur. Ein Raum zwischen Felswänden, eine Naturburg, eine richtige „Heidenburg“ ist der Kegel geworden, was er vielleicht einmal war. Weist nicht sein Name in diese Richtung, wie auch der Heidenbauernhof und der Heidenacker in der Nachbarschaft? Oder hat das einfach nur mit dem Heideland zu tun, mit Sandboden, Heidekraut und Heidelbeeren unter Kieferbäumen?

„Im Anschluß an die Heidburg auf der Biederbacher Seite sind die Heidenhöfe in Biederbach-Flachenberg und der Heidenacker gelegen. Dazwischen finden wir zahlreiche keltische und römische Namen wie Funi, Luren, Fimi, Ullerst, Naut und Gumm. Es ist daher unwahrscheinlich, daß Heidburg nur die Burg im Heideland ist.“ (Willi Thoma)

Von dem mittelalterlichen Bau ist überliefert, daß er keine kleine Burg, sondern ein Schloß war. „Von diesem Platze aus konnte die ganze Umgegend und insbesondere die Straße zwischen dem Breisgau und Schwaben beherrscht und eingesehen werden", schreibt Josef Weber. „Auch der als Baumaterial verwendete Sandstein fand sich in allernächster Nähe. Es ist nicht bekannt, wann und von wem die Burg erbaut wurde."

Bekannt ist eine lange Reihe von wechselnden Besitzern und daß „die Feste Heidburg 1623 schon ganz zerfallen" war. In bekannter Weise wurde sie von Sagen umrankt, die vor allem mit Schätzen zu tun haben. „Kein Wunder", so Weber, „wenn schon 1674 ein Schatzgräber in der Ruine herumstöberte und beim Schloßbauer verköstigt wurde, wie ein Ausgabeposten in der Schaffneirechnung vermeldet. Offenbar glaubten die fürstenbergischen Beamten an die Geschichte und hatten einen Schatzgräber angestellt."

Um diese Gegend richtig kennenzulernen, bietet sich ein alter Weg an, der vom Elztal hinüber ins Kinzigtal führt. Das sind von Elzach bis zur Heidburg etwa sieben Kilometer Wanderung. Sie beginnt in der Elzacher Vorstadt an der Ecke, wo früher eine Wendelinus-Kapelle stand und die Fuhrleute Pause machten. Bald bieten sich gute Ausblicke über das obere Elztal, bevor der Weg im Wald verschwindet. Dort fällt später immer wieder die urige Pflasterung aus Felsplatten auf, zwischen denen sich bei Regen ganze Flußlandschaften bilden. Manchmal glaubt man Karrenspuren im Stein zu sehen und muß daran denken, daß diese sogenannte „Eckstraße" auch als alte Römerstraße bezeichnet wurde. Sie erreicht am Biereck auf der Paßhöhe ein beliebtes Ausflugslokal. Vor dem traditionsreichen Gasthaus wird jedes Jahr an Pfingsten der „Schellenmarkt" in Erinnerung an das große Fest der Hirtenbuben abgehalten. Auf dem Markt wurden früher die Kuhglocken gekauft oder getauscht.

Von hier aus ist die Heidburg nicht weit, ein wurzelreicher, sandiger Pfad führt hin, ein Stück „Hansjakobweg“ mit den Tafeln an besonderen Stellen, auch an der Heidburg, die im „Leutnant von Hasle“ vorkommt. Für die weitere Wanderung und die Rückkehr ins Elztal bietet es sich an, zur heutigen Paßstraße zu gehen und auf der anderen Seite nach Prechtal hinunter. Unterwegs kommt rückblickend ab und zu der Hügel auf der Höhe in Sicht. Im Gedächtnis wirkt er lange nach.

Schloßberg, Emmendingen

10

Emmendingen

„An einem warmen Juniabend des Jahres 1784 ist es dann geschehen, daß Carl Friedrich Meerwein seinen Riesenvogel in einem Handwagen auf die Burg hinauffahren ließ, jene Anhöhe vor der Stadt, deren ziemlich steil abfallende Hänge zu jener Zeit mit Reben bepflanzt waren. Der ganze Platz vor dem Tore und um das Gasthaus zum Engel herum war schwarz von Menschen. Keine Seele war daheim geblieben. Alle wollten das unerhörte Schauspiel sehen, wie ein hochfürstlich markgräflich badischer Landbaumeister in der Luft herumflog."

So heißt es in einer Novelle der Schriftstellerin Toni Rothmund, die früher in Emmendingen lebte. Damit erscheint nicht nur ein Flugpionier, ein Original seiner Zeit, sondern auch einer der Hügel, an denen das Städtchen liegt, und es klingt eine der Emmendinger Geschichten an, mit denen diese Wanderung bekannt machen soll. Sie beginnt am Bahnhof und führt zunächst an den Gleisen entlang zum alten Friedhof, an dessen Mauer die Gräber von zwei prominenten Personen liegen: Eben jener Meerwein ist hier begraben, der „erste Flieger der Welt“, wie es auf einem Schild heißt, und Cornelia Schlosser, die Schwester von Goethe, die mit dem markgräflichen Oberamtmann verheiratet war.

Weiter an den Gleisen entlang wird bei der Markgrafenschule der alte jüdische Friedhof erreicht. In der Nähe fällt der Blick auf eine Fabrik jenseits der Gleise, die „Ramie“. Der Name kommt von der Ramie-Faser aus China, die früher hier verarbeitet wurde. Vorläufer war eine Hanfspinnerei, heute werden verschiedene Kunst- und Naturfasern gesponnen. Hier draußen am Stadtrand breitet sich noch eine große Einrichtung aus - das Psychiatrische Landeskrankenhaus, es besteht seit dem gleichen Jahr 1889 wie die „Ramie“.

Zurück in die Innenstadt durch die Meerweinstraße hinter der Schule und die Grünzone an der Wasserkreuzung von Brettenbach und Gewerbekanal, durch die schön geschwungene Markgrafenstraße zum Rathaus am Marktplatz, dann in den ältesten Teil mit der Stadtkirche und dem Markgrafenschloß. Am Schloßplatz stand auch die Synagoge, eine Tafel erinnert an sie und an die Zerstörung 1938. Gegenüber das sogenannte Lenzhäuschen, das zum Schloß gehörte. In ihm soll der Dichter Jacob Michael Reinhold Lenz während seiner Wahnsinnsanfälle untergebracht worden sein. Er war einer der Männer aus Kunst und Wissenschaft, die im Haus des Amtmanns Schlosser verkehrten. Nach seiner Krankheitsgeschichte hat Büchner die Novelle „Lenz“ geschrieben.

Zu den besonderen Punkten gehört ferner die katholische Kirche St. Bonifatius gegenüber, die zwar vom Ende des 19. Jahrhunderts stammt, aber eine wenig bekannte Kostbarkeit der alten Malerei enthält - einen dreiteiligen Flügelaltar aus der Spätgotik, dem Nördlinger Meister Friedrich Herlin zugeschrieben. Dann zum spätbarocken Stadttor mit der goldenen Fratze über der Durchfahrt und den prächtigen Drachenköpfen als Wasserspeier, schließlich in der „Niederemmendinger Vorstadt" das neue Schloß oder die neue Landvogtei (das heutige Amtsgericht), ein Werk des Baumeisters Meerwein von 1790.

Der hatte 1784 ganz in der Nähe jenen erwähnten Flugversuch unternommen. Unter den Augen der versammelten Bevölkerung war er mit seinem selbstgebauten Apparat von der „Burg" gestartet und auf einem Misthaufen gelandet.

Auf die Anhöhe namens Burg führt ein wenig begangener Weg zuerst den bewaldeten Hang hinauf, dann zwischen Villen und Gärten an eine freie Stelle, wo der Blick über Niederemmendingen zu dem anderen markanten Hügel, dem Schloßberg, reicht. Der Name paßt zu seiner Position, und die Aussicht von dort oben ist es wert hinaufzuwandern, also nach dem Abstieg von der „Burg" ins Tal von Niederemmendingen auf der anderen Seite durch einen alten Hohlweg wieder anzusteigen. Weit über den Breisgau läßt sich dort schauen und in der Nähe über Mundingen zur Burg Landeck hinüber.

Oben am Berghang bleibt der Blick an einem großen roten Dach hinter Obstbäumen hängen. Das ist der Wöpplinsberg, über ihn ist im Unterschied zu der „Burg" und dem Schloßberg einiges bekannt. Der aussichtsreiche Weg dorthin lädt zu einem Abstecher ein. Der Bauernhof und eine Kapelle sind die Reste eines alten Heiligtums. „Hier stand einst eine der ältesten Kirchen unseres Landes", heißt es im Emmendinger Heimatkalen-

Wöpplinsberg

der 1984, „sie war bis zu Beginn der Reformationszeit ein berühmter und viel besuchter Wallfahrtsort. In der ersten Hälfte des 18. Jahrhunderts ist das Gotteshaus infolge Verödung zerfallen und wurde abgetragen. Noch bis zum Jahre 1750 begruben die Mundinger und Niederemmendinger ihre Toten, wie bereits seit undenklichen Zeiten, immer noch dort oben in geweihter Erde. Dann wurde auch der Friedhof aufgegeben, und der Pflug ebnete alles ein."

Außerdem wird über eine Besonderheit, die „Inclusen" berichtet: „Es waren dies Frauen, die sich aus religiösen Gründen in ihren, in der Nähe einer Kirche gelegenen Zellen einmauern ließen. So auch auf dem Wöpplinsberg." Im Tennenbacher Güterbuch wird eine Dienerin der „Inclusen", eine Elsa vom Wöpplinsberg, genannt; sie war verpflichtet, die Eingeschlossenen zu versorgen.

Bruderhäusledobel

Der Name Tennenbach erinnert an das Kloster hinter Emmendingen; und das bewaldete Hügelland in dieser Richtung verbirgt so manchen alten Platz, wo sich landwirtschaftliche Höfe des Klosters befanden, zum Beispiel die „Eichberghöfe“ und die „Studenhöfe“. Heute sind es Wüstungen. Oder es kann eine ehemalige Einsiedlerklause sein, so im „Bruderhäusledobel“, zu dem „Einsiedels Pfad“ führte. Das Tälchen liegt in der Nähe der Ausflugswirtschaft „Stilzerfritz“.

11

Nimburg

Auf dem steil abfallenden Ende des Nimbergs stand einst eine Burg. Solche Plätze sind mit etwas Aufmerksamkeit schnell zu bemerken. Hier wurden auch römische Spuren gefunden, und eine ältere Nutzung der Bergnase wird vermutet.

Aber die stimmungsvollste Stelle ist weiter hinten bei der Bergkirche, die auf ein Antoniterkloster zurückgeht: das alte Gebäude, der Friedhof mit seiner Mauer und die Treppe zur efeuberankten Pforte, die alte Eiche am oberen Tor, in der Nähe die Reben und unten die Senke vor dem Kaiserstuhl, eine feuchte Gegend, sogar von einem See wird aus früherer Zeit berichtet. Ganz hinten der Riegeler Michaelsberg - eine Sichtverbindung mit einem starken Ort.

Auch am Nimberg reichen die Wurzeln tief: „An der Stelle unserer Bergkirche, die dem Johannes dem Täufer geweiht ist und oberhalb einer bis heute lebendig sprudelnden Quelle (am Kindlesbrunnen) liegt“, so heißt es in der Chronik von Nimburg, „könnte einer Vermutung nach ein heidnisches Quellheiligtum gewesen sein. Später wurden die Bewohner des Kirchspiels mit dem Wasser jener Quelle getauft.“

Um die Bezeichnung „Kindlesbrunnen“ oder „Kinderbrinnele“ rankt sich manche Geschichte. In der Ortschronik wird von der „Erdmutter und Seelenmutter Heel“ erzählt: „Dieser Glaube an die Erdmutter war weit verbreitet, nicht nur im germanischen Raum, mehr noch bei den Kelten. Aber eine Ausprägung scheint in unserem Raum besonders stark gewesen zu sein: Die heiligen Quellen und die Figuren von Heels Mägden und Helferinnen ... Heel gab aus ihrem Vorrat an Seelen eine

Bergkirche, Nimburg

solche der schwangeren Mutter. Die Überbringerinnen aber waren die Nornen oder Beeten ... Einbeet, Willbeet und Worbeet waren etwa der dienenden Geister Namen. Doch die Namen wechselten; aber immer sind es drei."

*

Der Blick auf die Felder unten läßt an eine fast vergessene Besonderheit landwirtschaftlicher Art denken: Vom 17. bis 19. Jahrhundert war heimischer Hanf ein bedeutsames Agrarprodukt. „Am hänfenen Strick hängt der Nimburger einzig Glück", wurde in der Nachbarschaft gespottet.

„Hanf bot die Existenzmöglichkeit für viele", so die Nimburger Chronik. „Denn außer den daraus hergestellten Gegenständen für den eigenen Bedarf, war 'Hänfenes aus Nimburg' eine ausgesprochen vielseitige und gewinnintensive Handelsware. In häuslicher Produktion hergestellte Säcke und Seile fanden Abnehmer in der Rheinschiffahrt und Holzflößerei, in Gewerbebetrieben und nicht zuletzt auf den Jahr- und ländlichen Produktenmärkten der näheren Umgebung. Spinnereien und Webereien wurden mit dem Rohprodukt, der Hanffaser, beliefert oder mit sogenannter 'Hanf-Halbware', die sie weiterverarbeiteten."

Der Hanfanbau war in den letzten Jahrzehnten in Deutschland verboten, weil die Blüten und Blätter als Droge verwendet werden können. Was haben die Leute damals darüber gewußt? Haben sie die Pflanze auch in dieser Weise genutzt? Das gehört zu den Rätseln, die so ein Ort in der Landschaft aufgeben kann.

Von der Bergkirche aus zieht sich ein wildbewachsener Hang Richtung Neuershausen. An ihm sind lauschige Plätze zu finden, um eine „Kommunikation mit der Natur" aufzunehmen. Er ist ein Vogelparadies, und Hasen flitzen herum.

12

Riegel

Der östliche Ausläufer des Kaiserstuhls sperrt fast wie ein Riegel die Breisgauer Bucht nach Norden ab, so wurde der Name manchmal verstanden, in Wirklichkeit kommt er von „curtis Regalis", dem fränkischen Königshof, der sich hier befand. Vorher war Riegel eine römische Siedlung, eine Straßenstation an der Abzweigung nach Westen zum Rhein. Die Riegeler werden „Heideköpf" genannt, weil die Gemeinde einen Römerkopf im Wappen führt. Und aus der Römerzeit stammt das Mithras-Heiligtum am Fuße des Michaelsberges, an der Nordseite im heutigen Neubaugebiet.

Aber zunächst zieht der markante Hügel an, auf dem das neue Dach der Michaelskapelle glänzt. Unten glänzen die Wasser von Dreisam, Elz und Glotter, die hier zusammenfließen. Von oben der Blick über alles, was in der „Riegeler Pforte" sonst noch zusammenkommt: Nicht nur die Bundesstraße, die Autobahn, die Eisenbahn, die elektrische Überlandleitung und die Erdgasleitung führen hier durch. Was hier alles zusammenkommt - damit ist auch die geschichtliche Dichte gemeint, die Prägung durch verschiedene Völker und Kulturen bis hin zur Begegnung mit den türkischen Menschen, die heute in der Riegeler Waldsiedlung wohnen.

Wie schon die Lage und Form des Michaelsberges vermuten läßt, hat er die Menschen schon immer angezogen. Spuren aus der Steinzeit zeugen davon, dann wird eine keltische Höhensiedlung angenommen, nach den Römern herrschten die Franken hier, und im 12. Jahrhundert entstand auf dem Berg eine Burg, die später von den Üsenbergern ausgebaut wurde.

Heute steht hier die Michaelskapelle, deren frühester Vorgängerbau aus dem 7. Jahrhundert stammen soll. Vorher könnte hier ein römisches Merkurheiligtum gewesen sein, so heißt es. Bei der Christianisierung sei Merkur durch den Erzengel Michael abgelöst worden. Nach der Nutzung als Burgkapelle kam die Ära der Wallfahrtskapelle, an die eine „Bruderwohnung" für den jeweiligen „Michaelsberg-Eremiten" angebaut wurde.

Eine besondere Attraktion wurde den Besuchern im vergangenen Jahrhundert geboten, denn im Jahr 1843 hat ein Amand Hensler von Riegel „im Interesse des Publikums als auch zur Zierde von Riegel die Camera obscura mit großen Kosten herstellen lassen". Von einem „Fremdenzimmer" neben der Wohnung des Kapellenwächters „konnte man gegen Entrichtung eines Eintrittsgeldes durch verschiedenfarbige Scheiben die unten liegende Landschaft betrachten und sich an dem einzigartigen Rundblick erfreuen".

Michaelsberg, Riegel

Als Aussichtspunkt hat der Michaelsberg nichts von seiner Faszination eingebüßt, auch für abwechslungsreiche Spaziergänge bietet sich der Hügel an. Vom Dorf her steigt der Hauptweg hinauf, ein unkonventioneller führt zu der Rückseite, die weniger beachtet wird. Das heißt, bei der Brauerei links am Bahngleis und an dem steilen Hang entlang, der Einblicke ins Erdreich gibt. Weiter hinten eine Wildnis bis in das Feuchtgebiet hinab, im Frühjahr ein vielstimmiges Vogelkonzert, malerisch die Felsen vor dem jungen Akazienwäldchen und ein Teppich aus blühenden Kräutern, im Sommer die wilden Zwetschgen am Pfad. An der Rückseite zweigt ein anderer, manchmal kaum sichtbarer Pfad nach oben ab, er klettert hinauf über bewaldete Terrassen zu Gärten und Reben und zur Aussicht Richtung Kaiserstuhl.

Gleich wie der Michaelsberg erkundet wird, als Ergänzung sollte jedenfalls das Mithras-Heiligtum nicht fehlen, im Ortsteil nach Endingen hin. Es sind zwar nur wenige Reste übrig, aber welche Dimensionen werden da sichtbar. Man muß sich das vorstellen: Ein orientalischer Lichtgott wird in römischer Zeit am Kaiserstuhl verehrt. Die Gemeinde, die nur aus Männern besteht, feiert ein mystisches Ereignis, die Tötung des Stieres durch Mithras - „ein Geschehen von kosmischer Bedeutung, bei dem das Fleisch des getöteten Tieres in Brot, sein Blut aber in Wein verwandelt wurde“, so erklärt die Tafel am Ort.

Mithras-Tempel waren über das ganze römische Reich verbreitet. „Der jahrhundertelang allein auf den Iran, Kleinasien und Nordsyrien beschränkte Lokalgott wurde auf geheimnisvolle Weise zur zentralen Gestalt einer neuen Weltreligion, die sich seit dem Ende des 1. Jahrhunderts n. Chr. wie ein Lauffeuer über Italien und die Donauländer, Gallien und Germanien bis in die fernsten Provinzen des römischen Weltreiches ausbreitete.“

Mithras-Tempel, Riegel

Mithras-Tempel, Riegel

Von Riegel aus erreicht die Straße am Nordhang des Kaiserstuhls zunächst Endingen. Und in Amoltern, dem versteckten Dorf mit dem fremdklingenden Namen, ist der Pfarrhof über der Kirche ein Schauplatz in der fast vergessenen Geschichte über die „Heiligen von Amoltern“ oder die „Kommunisten von Amoltern“. Es ging dabei im 18. Jahrhundert um den Versuch, nach urchristlichem Vorbild eine Gütergemeinschaft zu bilden. Der Freiburger Kapuziner-Pater Romuald Baumann, der öfter das Dörfchen und seinen Pfarrer besuchte, überredete die Leute dazu. In einem Gesuch an die „gnädige Herrschaft“ wünschten sich die Amolterer, „ein einziges Jahr die Probe zu machen und in solcher Gemeinschaft leben zu dürfen. Der Plan dieser Gemeinschaft besteht darin, daß alles das Unsrige, was wir wirklich besitzen, der künftige Erwerb, alles ohne Ausnahme, eine allgemeine Masse vorstelle, aus welcher jedem Mitglied oder Familie nach Verhältnis ihrer Bedürftigkeit der hinlängliche Lebensunterhalt gewährt wird“.

Die Sache wurde von der Obrigkeit untersagt, dem Pater die Ausweisung aus den österreichischen Staaten angedroht.

Kahlenberg bei Ringsheim

13

Kahlenberg

Die Hügel am Rande der Rheinebene sind schon als Aussichtspunkte reizvolle Ziele, oft sind sie zudem geschichtsgeladen und mit Eigenarten der Natur ausgestattet. Der Kahlenberg an der nördlichen Grenze des Breisgaus hat darüber hinaus noch ein Stück Bergbaugeschichte und ganz aktuell eine Mülldeponie zu bieten, außerdem Blicke in die benachbarte Ortenau, nach Ettenheim und bis nach Lahr.

Der kontrastreiche Berg läßt sich für Bahnreisende am besten von Herbolzheim aus erreichen, dort weist ein Zeichen im Zentrum beim Rathaus zum „Königsweg" den Hang hinauf, ein Weg von Nußbäumen gesäumt, von Reben und Obstgärten bis

Maria Kahlenberg

auf die kahle Höhe mit den weiten Ausblicken - und mit den Einblicken in die aufgerissene Erde, wo früher Eisenerz gefördert wurde und heute Müll gelagert wird.

Dicht daneben die völlige Idylle: eine Waldkrone auf der Kuppe, eine Lindenallee, dann die Kapelle Maria Kahlenberg, von uralten Bäumen umstanden - ein starker Platz. Nach einer Überlieferung wurde die Kapelle von einem Marienverehrer aus Ettenheim nach dem 30jährigen Krieg erbaut, um ein Gelübde einzulösen. Im 18. Jahrhundert - besonders zur Zeit des Kardinals Rohan - fanden von Ettenheim aus monatliche Prozessionen auf den Kahlenberg statt.

Weiter auf Ettenheim zu und nach Ringsheim hinunter, zum Teil dicht an der Mülldeponie entlang, aber die sieht man kaum, sie ist hinter Erdwällen versteckt.

In Ringsheim führt der ausgeschilderte Kahlenberg-Rundweg zu einer zweiten Kapelle, Johannes dem Täufer geweiht. Eine Quelle entspringt genau an der Stelle. Hier wird der älteste Punkt von Ringsheim vermutet. Die Quelle wurde wahrscheinlich schon in vorchristlicher Zeit als Heiligtum verehrt. Heute donnern die Laster vorbei. Am Hang drüben das verlassene Betriebsgebäude des Eisenbergwerks, ein düsteres Schloß der Arbeitswelt. An der Bahnlinie unten fiel früher eine Verladestation für Erzgestein auf, und eine Seilbahn führte zu dem angefressenen Berg im Hintergrund. Die ganze Gegend war mit rotem Staub bedeckt.

Auf dem Rückweg durch Reben und Obstgärten gibt es kurz vor Herbolzheim noch einen wildromantischen Kalksteinbruch zu entdecken - nah an der B 3 und doch völlig abgeschirmt.

Das alles zusammen macht diesen Berg zu einer idealen Gegend für eine unkonventionelle Wanderung, die zu den verschiedensten Themen etwas vermitteln kann. Auch um eine

Steinbruch bei Herbolzheim

Mülldeponie herumzulaufen, kann ein Erlebnis sein. Man glaubt es kaum.

*

Als Ergänzung zu „Maria Kahlenberg“ bietet sich bei Herbolzheim „Maria Sand“ in einem schattigen Hain am Industriegebiet an. Im Sand des Bleicheflüßchens soll hier um 1556 jene spätgotische Madonna gefunden worden sein, die heute noch als „wundersames Gnadenbild“ verehrt wird. Wie es in der Legende heißt, wurde die Figur damals, als der Markgraf in seinem Gebiet die Reformation einführte, in einer Nachbargemeinde ins Wasser geworfen und bei Herbolzheim angeschwemmt. Dieser Wallfahrtsort hat in der Gegend immer viel gegolten.

Das zeigt zum Beispiel eine Episode aus dem Jahr 1652: „Da war die Maria-Sand-Kapelle zerstört, nur notdürftig wieder aufgebaut worden“, so erzählt der Heimatforscher Friedrich Hinn. „Und da legten die Herbolzheimer Frauen so viel Leinen zusammen, daß sie Tuchbahnen in etwa 80 Meter Länge zusammenhatten, um ein Zelt für Maria Sand zu bauen.“

Tuniberg bei Munzingen

14

Tuniberg

Fast regelmäßig sind auf dem flachen Boden der Breisgauer Bucht einige Hügel verteilt, wo sich jeweils ein anderer Teil dieser Landschaft überschauen läßt. Westlich von Freiburg gibt es auf dem Lehener Bergle schöne Plätze, auf den Hügeln bei Hochdorf und Hugstetten, am Tuniberg und Kaiserstuhl.

Eine Stelle hat besondere Reize - die Ecke bei Munzingen. Nicht nur die Aussicht von oben, wo die Erentrudiskapelle steht, reicht weit hinaus, auch die Geschichte am Ort weist weit in die Vergangenheit. Schon in der Altsteinzeit saßen hier Menschen, unterhalb der Kapelle wurden ihre Spuren gefunden. Es waren Rentierjägerhorden.

Weiter oben, von der Kapelle nach Westen, erinnert die Hügelkuppe „Auf dem Berg“ an eine Höhensiedlung der Jungsteinzeit. Und auf dem Kapellenberg selbst wurde eine keltische Siedlung nachgewiesen. Die typische Dichte auf einem Bergsporn, der so ideal in die Landschaft ragt, und typisch auch, daß er in christlicher Zeit ein berühmter Wallfahrtsort war.

Die Erentrudiskapelle (nach der hl. Erentrudis aus Salzburg) erfreute sich eines regen Zulaufs, „bis ihr das Unglück widerfuhr, im Spanischen Erbfolgekrieg zu Beginn des 18. Jahrhunderts von einem Schutzwall für einen vorgeschobenen Infanterieposten der Freiburger Festungstruppen umbaut zu werden“, berichtet Hermann Brommer. „Beim Herannahen der französischen Armee sprengten die Österreicher 1713 ihre Erentrudis-Redoute in die Luft und beschädigten das Kirchlein schwer. Doch bereits 1714 begann der Eremit Melchior Rech damit, überall Gelder für den Wiederaufbau der Kapelle und Einsiedelei zu sammeln.“ Eine Zeichnung von 1749 zeigt die Kapelle mit der angebauten Eremitage und einem großen Garten, der von einer Mauer umgeben ist.

Im Dorf setzen sich die geschichtlichen Prägungen fort mit dem trutzigen Rundturm des ehemaligen Wasserschlosses und der Quelle daneben, die Munzingen in früheren Jahrhunderten den Ruf als Badeort verschaffte. Diesem Wasser wurden heilende Kräfte zugeschrieben.

Oben das Schloß der Grafen von Kageneck, wo König Ludwig XV. im Jahr 1744 sein Hauptquartier aufschlug, als er mit seiner Armee die Festung Freiburg belagerte. Im Schloßhof stehen vier seltsame Zwerge, „drollige steinerne Gesellen, die an Hofnarren erinnern, mehr noch an Gestalten der italienischen commedia dell'arte. Eher derb als elegant sind sie gemeißelt,

Schloßhof, Munzingen

Attila in Niederrimsingen

mehr traurig als lustig sehen sie den Betrachter an“, so Walter Vetter über diese Rarität.

Eine merkwürdige Skulptur steht auch im Nachbardorf Niederrimsingen seit 1979 und bereichert den Tuniberg mit dem Hunnenkönig Attila. Das hatte seinen Ursprung in der Sage um das Grab von Attila, die am Oberrhein herumspukt, wurde aber durch den Witz der Winzer zur erfolgreichsten Werbekampagne für den Wein, der hier wächst. Mit dem „Attilafelsen“, wo nach einem Aprilscherz der Gold-und-Silber-Sarg gefunden worden sei, kam ein geheimnisvoller Name auf.

Und die Geschichte wurde immer wieder mit allen möglichen Mitteln ins Bewußtsein der Öffentlichkeit gebracht, von der dörflichen Theateraufführung bis zur Blasmusikkomposition mit dem Titel „Attila“. Auch ein weiterer Aprilscherz gehörte dazu. Jetzt wurde behauptet, daß amerikanische Filmleute in Niederrimsingen eingetroffen seien, um hier einen Film über Attila zu drehen. Die Krönung war schließlich das Denkmal als Dank für das gute Weingeschäft, bezahlt von der badischen Weinwerbung. Ein monumentaler Betonkopf mit asiatischen Zügen steht vor der „Attilahalle", wo die „Attilastraße" hinauf zum „Attilafelsen" führt.

15

Bötzingen

Alte Plätze haben besondere Reize, wenn sie fast vergessen sind. Am Kaiserstuhl ist durch die Umgestaltungen als Rebgelände viel verschwunden. Umso spannender, wenn doch noch etwas in den Weinbergen aufgespürt werden kann wie der „Seelenberg“ in Bötzingen, an der Ecke, wo das Oberschaffhauser Tal beginnt.

Vom Bach unten führt ein Pfad hinauf, deutlich ist der ehemalige Burggraben zu erkennen, oben erinnert eine Tafel an die vergangenen Zeiten: „Aus alten Aufzeichnungen ist bekannt, daß hier auf dem Seelenberg (Seldenberg) eine Burg gestanden hat. Das Niederadelsgeschlecht de Schafhusen (Scafusa) blühte im 13. Jahrhundert und besaß diese Burg.“

Von oben eine faszinierende Sicht über die ganze Breisgauer Bucht, auf Freiburg hinten und den Schwarzwald vom Kandel bis zum Blauen. Unten der Blick auf das heutige Industriegebiet, wo früher die Wasserburg „Kranzenau“ stand, aber auch ein Hügelgrab aus der Zeit um 600 v. Chr. gefunden wurde.

Am „Seelenberg“ sind, wie an anderen Burghügeln, Sagen angesiedelt, allerdings kommt nicht wie sonst üblich ein Burgfräulein vor, sondern eine „böse Frau“ aus dem Dorf, die nach ihrem Tod keine Ruhe gefunden habe und nachts mit einem Korb Äpfel herumgegeistert sei. So wird in Bötzingen erzählt. Im Krieg hat der Hügel eine konkrete Bedeutung gehabt: Die Keller in ihm waren Schutzbunker für die Bevölkerung. Von daher bekam ein Bötzinger den Spitznamen „Bunker-Bübli“ - er ist dort auf die Welt gekommen.

Talaufwärts eine andere Besonderheit: die St. Albanskapelle oder „Pestkapelle“ aus dem 15. Jahrhundert, als auch Bötzingen schwer von der Seuche betroffen war, wie die Schrift auf einer Grabplatte vermittelt: „Ist es nicht eine große Plag, 99 in einem Grab.“ In der Kapelle wurden übertünchte Fresken freigelegt und restauriert, „eine kunstgeschichtliche Rarität besonderen Ranges“ (Walter Vetter).

Hier im oberen Dorf erweist sich wieder einmal: Wer von der Hauptstraße abzweigt, kann Entdeckungen machen. Abseits der steilen Straße zum Vogelsangpaß schlängeln sich alte Gassen durchs Tal. Eine heißt „Rank“, das war früher ein gewundener Feldweg. Nach den letzten Häusern beginnen die Reben und alte Hohlwege, die unter Naturschutz gestellt wurden. Ihre reiche Besiedlung mit Pflanzen und Tieren, die zerklüfteten Böschungen, die Lößkeller - das bleibt alles erhalten. Es sind nur kleine Reservate, und sie wirken vielleicht gerade deshalb so stark.

Stark wirkt auch der Steinbruch über Bötzingen, dieses unglaubliche Loch im Berg, von oben sieht es wie ein Krater aus. Das Vulkangestein Phonolith wurde früher als Schotter im Straßen- und Gleisbau verwendet, heute wird es zu feinstem Gesteinsmehl verrieben und als „Wundermittel“ vielfältig genutzt, vor allem als Fango in Kurkliniken, als Bodenverbesserer in der Land- und Forstwirtschaft, außerdem bei der Tierhaltung.

Dabei wird das Loch im Berg immer größer, das „Wundermehl“ verändert die Landschaftsform. Für manche in Bötzingen zu sehr. Wo bleibt der Landschaftsschutz? Er liegt im Widerstreit mit einem umweltfördernden Produkt. Ein seltener Konflikt.

16

Ihringen

Von den Weinbergen über Ihringen reicht der Blick weit nach Südwesten in die Richtung zur Burgundischen Pforte, vorne am Rhein Breisach, dahinter die Vogesen. Eine phantastische Aussicht hatten die Menschen, die früher hier oben wohnten, in einer keltischen Höhensiedlung der Hallstattkultur im 6. Jahrhundert v. Chr., sie lag auf einem Bergsporn, der durch drei steile Hänge begrenzt wurde (Gewann „Hinter Ehlen").

Nach unten schauten sie auf das Gebiet der Hügelgräber, die später berühmt werden sollten. Von ihnen sind heute kaum noch Reste zu erkennen, der Pflug hat sie fast alle eingeebnet, aber am Anfang unseres Jahrhunderts sah es hier noch anders aus. Der Freiburger Anatom Eugen Fischer, der damals an

Ausgrabungen teilnahm, beschrieb die Szenerie an einem Wintertag:

„Ganz flach liegt das Land, leise abfallend zum nahen Rhein. Die Äcker sind abgeerntet, und eine ganz dünne Schneedecke gleicht alle die kleinen Gräben, die Ackerschollen, die im Umbruch liegen, sogar die Feldwege und Grenzsteine völlig aus. Um so auffälliger liegen die Hügel da, unregelmäßig zerstreut, oft ganz flach, kaum einen halben Meter hoch, dort einmal etwas höher, fast einen Meter erreichend. Es mögen deren 25 bis 30 sein, die auf einer Fläche von gut 500 Metern im Geviert verteilt sind."

Hier wurden neben Gräbern aus der Bronzezeit und der Urnenfelderzeit auch hallstattzeitliche gefunden, vor allem als Nachbestattungen in älteren Hügeln. Früher wurden sie der keltischen Siedlung auf dem Breisacher Berg zugeordnet, mit der Entdeckung der Höhensiedlung von Ihringen ergab sich aber auch ein näherer Zusammenhang.

Erst neulich wurde in der Ebene vor Ihringen wieder ein Keltengrab entdeckt. Die Beigaben lassen darauf schließen, daß der Mann aus dem 5. Jahrhundert v. Chr. eine herausragende soziale Stellung hatte. Neben einem Bronzekamm, Bronzegefäßen und einer Bronzefibel kamen ein Goldhalsring, ein goldener Armring, eine bronzene Kanne aus Etrurien und schließlich als besondere Kostbarkeit eine dünnwandige Glasschale ans Licht. Sie ist etwa zweieinhalb Jahrtausende alt, stammt aus dem Orient und wird als das älteste Glasgefäß bezeichnet, das bisher nördlich der Alpen gefunden wurde. Wie der zerbrechliche Gegenstand an den Kaiserstuhl gelangte, ist nicht bekannt, jedenfalls zeigt er wieder einmal, welche Beziehungen die Kelten zum Mittelmeerraum und nach Vorderasien hatten.

Zurück zu den Weinbergen und hinüber ins Liliental, wo ebenfalls Raritäten aus fernen Ländern zu finden sind, exo-

St. Vitus, Ihringen-Wasenweiler

tische Bäume im forstlichen Versuchsgelände, besonders eindrucksvoll das Mammutbaumwäldchen ganz hinten im Tal.

Und vorne mit Blick in die Ebene - wie könnte es anders sein - ein Schlößchen auf einem Hügel, der frühere Herrensitz über einem ausgedehnten landwirtschaftlichen Gut. Es war unter anderem im Besitz des Grafen von Bismarck (Neffe des Reichskanzlers). Er ist am Eingang des Tales begraben, neben der alten St. Vituskapelle, die zu den übersehenen Kostbarkeiten gehört. Ähnlich wie die Bötzinger Albanskapelle enthält sie wertvolle Wandmalereien. Heute dient sie als Friedhofskapelle für Wasenweiler. Kaum zu glauben, daß sie einmal die Pfarrkirche für zahlreiche Gemeinden der Umgebung war.

Unterhalb der Kirche das Wasenweiler Ried, in uralter Zeit ein Seitenarm des Rheins, dann ein wildes Riedgebiet, in den 20er Jahren urbar gemacht, durch Gräben und Drainagen entwässert, um den Boden landwirtschaftlich nutzen zu können. Und heute werden Teile der Natur zurückgegeben, werden Feuchtbiotope angelegt.

*

Auf dem schwarzen Ackerboden lief an einem Tag im Mai ein weißer Stier, der aus einem Stall ausgebrochen war. Wie er sich immer wieder seinen Verfolgern entzog und schließlich in einem blühenden Rapsfeld von einem Jäger erschossen wurde, das hatte fast mythische Züge, wenn man an die Bedeutung des Stieres in alten Religionen wie etwa dem Mithraskult (Riegel) denkt. Es spielte sich außerdem an einer Stelle ab, wo ein rätselhaftes Bauwerk im Boden steckt. Auf einem Infrarot-Luftbild ist ein großes Viereck zu erkennen. Es wurde als keltische „Viereckschanze" gedeutet, als eine der vieldiskutierten Kultstätten, wo religiöse Handlungen mit großer Teilnehmerzahl im Freien stattgefunden haben sollen. Aber andere vermuten eine Befestigung aus jüngerer Zeit.

Jedenfalls eine Gelegenheit, an die geheimnisvollen Plätze zu denken, Nachfolger von „heiligen Hainen". Die „Viereckschanzen" waren Rechtecke oder Quadrate mit Seitenlängen bis zu 100 Metern, von Wall und Graben eingefaßt. Deshalb wurde früher eine militärische Funktion angenommen. Sie wurden in manchen keltischen Gebieten kaum, in anderen häufig gefunden, in Baden-Württemberg vor allem auf dem Schwarzwald bei Rottweil und Trossingen, dann am Neckar und an der Donau entlang. Ausgrabungen haben ergeben, daß im Inneren meistens ein Tempel aus Holz stand. Man fand auch tiefe, künstlich angelegte Schächte, in die vermutlich geopfert wurde. Die kultische Handlung ist nicht genau bekannt.

Verständlicherweise hat sich die Phantasie des Volkes mit solchen rätselhaften Wällen beschäftigt, und manchmal wurde dabei auch etwas Richtiges überliefert, wie es in dem Namen „Heidenstädtle“ zum Ausdruck kommt.

„Mit den keltischen Kultstätten, heiligen Hainen“, so Kurt Bittel in dem Standartwerk über die Kelten in Südwestdeutschland, „ist auch in den Wäldern, Feldern und Wiesen von Baden-Württemberg eine höchst eindrucksvolle Denkmälergruppe erhalten geblieben, die sehr bedeutende Aufschlüsse für die keltische Kultur- und Religionsgeschichte des südwestdeutschen Raumes verspricht.“

17

Breisach

Der Hügel am Rhein hat durch seine Lage in der Ebene und als Brückenkopf für einen Flußübergang schon in alter Zeit eine wichtige Rolle gespielt. Auf seinem Plateau mit weitem Rundblick über die Stromlandschaft reicht die Besiedlung bis in die jüngere Steinzeit zurück. An einem Haus in der Oberstadt sind in einem kleinen Schaufenster Baugrubenfunde „aus der Hallstatt-, Kelten-, Römer-, Alemannen- und Neuzeit“ ausgestellt.

Die Kelten hatten hier einen Fürstensitz, die Römer ein Kastell, „mons Brisiacus“ nannten sie den wasserumspülten Berg. Im Mittelalter wurde eine Burg gebaut und das Münster, eine Handelsstadt blühte, wurde zur Festung, zum Zankapfel zwischen Frankreich und Österreich. Immer wieder wurde die Grenzstadt zerstört, zuletzt am Ende des Zweiten Weltkriegs, als der Hügel eine Festung des „Westwalls" war.

Im Dezember 1944 wurden hier Hunderte von Geschützen zusammengezogen, um die deutschen Truppen über die Eisenbahnbrücke aus dem Elsaß zurückführen zu können. Auch um das Münster herum wurden Geschützstellungen gebaut. Der Stadtpfarrer hat zwar dagegen protestiert, doch er bekam vom Kampfkommandant die Antwort, daß in einem „totalen Krieg" keine Rücksicht auf Kulturwerke genommen werden könne.

So mußten die Breisacher in den Untergrund gehen - in die Felsenkeller ihres Basaltberges. Das Bürgermeisteramt, die Sparkasse und die Volksbank verlegten ihre Diensträume in die bombensichere Sektkellerei. Auch das Lazarett und ein Schutzraum für die Bevölkerung waren dort eingerichtet. Eine Felsenhöhle im Eckartsberg diente als Gebetsstätte der Katholiken.

Breisach war schließlich so stark zerstört, daß zunächst daran gezweifelt wurde. ob sich die Stadt jemals wieder erholen könne. Es wurde sogar vorgeschlagen, die Trümmer als Mahnmal liegen zu lassen und eine neue Stadt an anderer Stelle aufzubauen. Kein Wunder, daß sich die leidgeprüften Bewohner schon 1950 als erste in Europa in einer denkwürdigen Abstimmung zu einem vereinten Europa bekannten. Auf dem Eckartsberg weht die Europafahne, und nachts strahlt das grüne Europalicht.

Der Eckartsberg ist auch der richtige Anfang für einen Weg, der die wichtigsten Stellen verbindet und die stärksten Eindrücke schafft. Die kleine Harelungenstraße, die zu ihm führt, erinnert an die Sage von dem „treuen Eckart" auf der hiesigen Burg. „Schon die Heldensage spricht von dem Berge (Eckartsberg) zu Breisach", merkt Heinrich Schreiber an. „Offenbar waren schon in alter Zeit unterirdische Gemächer in diesem

Berge vorhanden; ein solches wird jetzt (1846) als Keller des Rheinbades benutzt."

Am Anfang zur Höhe ein ehemaliger Heilkräutergarten, wie der Spruch am Ecktürmchen verrät, daneben eine Granate in einer Mauernische, ein Gedenken an den Todestag von Breisach am 4. Februar 1945, als der befestigte Eckartsberg mit den schwersten Kalibern beschossen wurde.

Von dem alten Gemäuer oben gleitet der Blick über die Stadt zum Münsterberg hinüber, dem nächsten Ziel.

Also den Eckartsberg an der Rheinseite hinunter, durch die Straßen, über den Marktplatz und einen der Aufgänge hoch, die alle stimmungsvoll sind, besonders der „Bajakl" von der Fischerhalde aus. Oder am Hauptweg durch das Windbruchtor (Hagenbachturm) zu der markierten Stelle, die in einer Sage aus der Pestzeit vorkommt. Die Krankheit sei von der Unterstadt allmählich auch in Richtung Oberstadt vorgedrungen, als plötzlich an der Wand eines Hauses ein „hl. Haupt nebst einer Hand" erschienen sei und den „schwarzen Tod" gestoppt habe. Die Verschonung der Oberstadt hatte aber wohl eher mit den besseren sanitären Verhältnissen zu tun.

Eine Sage ist auch im Münster angesiedelt und betrifft den berühmten Hochaltar des Meisters H.L.: Als der junge Bildhauer um die Tochter eines Ratsherrn warb, stellte dieser die Bedingung, daß er einen Altar anfertige, der höher als der Kirchenraum sei. Der Künstler fand die Lösung beim Betrachten eines Rosenstocks; seine Spitzen waren an einen Mauervorsprung gestoßen und im Bogen abwärts gewachsen. So krümmt sich heute noch die Spitze dieses Schnitzkunstwerks unter der Decke des Chors.

An den Meister H.L. und an die mittelalterlichen Bauhütten knüpft der Künstler Helmut Lutz mit seiner „Breisacher Schule" an. Der „Dornenkranz" in der offenen Krypta des

Aufstieg „Bajakl“, Breisach

Münsters stammt aus dieser Werkstatt und vieles in anderen Kirchen der Landschaft. Internationales Aufsehen erregte der Breisacher Künstler mit seinem kultischen Klangtheater „Sternenweg". Die Vision für dieses Projekt hatte er beim Blick vom Münsterberg, wo er lebt.

Auch im Radbrunnenturm in der Mitte der Oberstadt hat die Kunst einen Platz, hier finden Ausstellungen und Konzerte statt. Dann bieten sich Gelegenheiten, in den tiefen Brunnenschacht zu schauen und das große Holzrad zu betrachten, mit dem die Wasserkübel hochgezogen wurden.

Eine eigenartige Atmosphäre hat der Platz auf dem nördlichen Bergsporn, wo das Zähringer Schloß stand und jetzt Theater gespielt wird. Überhaupt folgt in der Oberstadt ein seltsamer Eindruck auf den andern, überall Mauern mit bunten Mischungen aus vulkanischen Gesteinsbrocken, Ziegeln und anderen Relikten von alten Gebäuden, geheimnisvolle Pforten

Oberstadt, Breisach

und verborgene Gärten, dazu oft die Stille über all den Spuren der Zeit.

Schließlich geht es hinten zum Rheintor hinunter, in dem sich das neue Stadtmuseum befindet, oder in einen versteckten Teil der Unterstadt, an einer alten Wandererherberge vorbei durch die verträumte Sternenhofgasse zum jüdischen Friedhof und der Stelle, wo die Synagoge stand. Hier wird noch einmal bewußt, welche vielfältigen Einflüsse die Breisacher Geschichte geprägt haben.

„Zeitweise trug man der 'international gemischten' Bevölkerung Rechnung durch gezielte Förderung der Mehrsprachigkeit", so schreibt Andrea Drescher über Breisach. „Schon im 18. Jahrhundert erhielten die Jungen in der Klosterschule Unterricht in der französischen, italienischen, böhmischen und ungarischen Sprache. Eine Reaktion auf den habsburgischen Vielvölkerstaat, dem Breisach damals angehörte."

Heute hat das Grenzstädtchen manchmal in anderer Form etwas von diesem Flair. Im Sommer schwirren hier viele Sprachen durcheinander. Das gibt ein weites Gefühl.

18

Burkheim

Wo der Kaiserstuhl mit einem Bein im Wasser steht, wo fruchtbare Hügel am Fluß gute Plätze bieten, dort haben sich die Menschen schon vor Jahrtausenden wohlgefühlt. Die Landschaft zwischen Burkheim und Sasbach ist nicht nur reich an historischen Stätten, sondern auch an Reizen der Natur.

Schon in Burkheim ist alles vorhanden - eine uralte Höhensiedlung, das Schloß, das romantische Städtchen, die Rheinhalde mit seltenen Pflanzen und Tieren, die zugewachsenen Steinbrüche und die Altrheinwildnis unten.

Von der Höhe beim Friedhof ist der beste Überblick möglich. Dort wird auch die Position der einstigen Höhensiedlung auf dem Burgberg deutlich, nicht bei der Schloßruine, sondern auf dem Plateau gegenüber, wo heute der Wein wächst.

Der Platz hat wieder die typischen Merkmale: steilabfallende Flanken und ein schmaler Sattel nach hinten. Die geschützte Lage wurde schon im 3. Jahrtausend v. Chr. für eine Siedlung genutzt. Und während des 11. bis 8. Jahrhunderts v. Chr. bestand hier eine der größten Siedlungen der Urnenfelderkultur Südwestdeutschlands. Die Archäologen haben nicht nur herausgefunden, daß die wichtigsten Wirtschaftszweige Töpferei und Bronzegießerei waren, sondern konnten auch die bevorzugte Nahrung rekonstruieren: Hirsefladen und Hirsebrei.

Auf dem anderen Vorsprung mit der Schloßruine wird vor allem die Erinnerung an Lazarus von Schwendi wach, Abkömmling eines schwäbischen Rittergeschlechts, der im 16. Jahrundert die alte Burg zu einem prächtigen Schloß ausbauen ließ. Ein schöner Platz über der Flußlandschaft, an die Felsen unter dem Schloß spülten die Fluten. Dort war ein alter Rheinübergang.

Schwendi war als Feldobrist in österreichischen Diensten - vor allem gegen die Türken - so erfolgreich, daß er genug Geld mitbrachte, um nach und nach mehrere Herrschaften auf beiden Seiten des Rheins kaufen zu können. Zu Burkheim kamen Hohenlandsberg, Kienzheim und Kaysersberg im Elsaß, Kirchhofen im Breisgau und Triberg im Schwarzwald. Wie ein kleiner Renaissancedespot habe er geherrscht, so heißt es, aber gleichzeitig wird seine Fürsorge für Landwirtschaft, Spital und Schule gelobt. Er gilt besonders als Förderer des Weinbaus, als ein „Patron“ der Winzer am Kaiserstuhl.

Kurz bevor er 1560 in den Besitz von Burkheim kam, war der Dichter Jörg Wickram aus Colmar hier einige Jahre als Stadtschreiber tätig. In Burkheim erschien 1555 sein „Rollwagenbüchlin", eine Sammlung alter Schwänke und Erzählungen, „so man in schiffen und auff den wegen / deßgleichen in scherheuseren und badstuben / zu langweiligen zeiten erzellen mag / die schweren Melancolischen gemüter damit zu ermünderen".

*

Noch ein Blick in die Umgebung zu einer besonderen Stelle gegenüber: Bei Niederrotweil sind die hellen Felswände zu sehen, wo ein ehemaliger Phonolith-Steinbruch tief in den Berg hineinreicht. Dieser „Canyon" gehört zu den versteckten Reizen am Kaiserstuhl. Hier leben selten gewordene Pflanzen und Tiere, deshalb wurde der stille Steinbruch unter Naturschutz gestellt. Der vulkanische Phonolith, der harte „Klangstein" oder „Klingstein", klingt wirklich, wenn ein Stück auf den Felsboden fällt. Seine Eigenschaften als Gesteinsmehl, als „Wundermittel", sind ja aus Bötzingen bekannt.

Am gleichen Hügel steht über Niederrotweil die Wallfahrtskapelle St. Pantaleon, ein altes Bauernheiligtum. Am Festtag, dem Sonntag um den 27. Juli, findet hier der „Pantaleonsritt" statt. Auf dem Platz vor der Kirche werden die Pferde mit den Reitern feierlich gesegnet. Tausende von Wallfahrern kommen dann zusammen.

19

Jechtingen

Ein „eigenartig versonnenes Stück Land" nannte Joseph L. Wohleb in den 20er Jahren die Gegend da vorne am Rhein, und das trifft heute noch zu, besonders auf die Hügel bei Jechtingen mit ihren geschichtlichen Spuren im Boden und ihrer heutigen Stille, die zum Tagträumen verführt. Auf dem rebenbepflanzten Hohberg erscheint eine Höhensiedlung aus der Hallstattkultur im 1. Jahrtausend v. Chr. und bei dem bewaldeten Humberg nahe am Rhein ein jungsteinzeitliches Gräberfeld der sogenannten Rössener Kultur aus dem 5. Jahrtausend v. Chr. Es ist „nicht nur der einzige vollständig untersuchte Friedhof dieser Zeitstellung in Süddeutschland", so der Archäologe Rolf Dehn, „sondern auch der beigabenreichste und größte."

Er stellt allerdings nur einen Ausschnitt dar aus dem dichten Siedlungsbild der frühen Zeit. Schon die Bandkeramiker wohnten im 6. Jahrtausend v. Chr. hier, und vor diesen ersten Bauern muß die Gegend auch für Jäger und Sammler ideal gewesen sein.

Und später die weitere Verdichtung: Eine ehemalige Römerstraße führt noch heute zum Rhein, wo damals ein Kastell stand und einen Flußübergang sicherte. Reste davon sind bei der Burg Sponeck zu sehen, die im Mittelalter die gleiche Funktion übernahm.

Eine Sage berichtet allerdings auch von einem „Raubgesindel“ auf der Burg. Manches Schiff sei durch den „bösen Blick des Herrn vom Sponeck“ festgebannt worden, um es auszuplündern. „Man sagt gewiß, daß Zauberei dabei im Spiel gewesen sei.“

Im Laufe der Jahrhunderte wechselten wie üblich die Besitzer einander ab. Jetzt ist die Burg schon lange mit der Familie Bühler verbunden. Der Kunstmaler Hans Adolf Bühler ließ 1930 den Bergfried zum Atelier umbauen. Dort malte er seine Rheinlandschaften, aber auch andere Bilder, die weniger sympathisch sind, weil sie an die „völkische“ Kunst im Dritten Reich erinnern und an die Rolle, die der Maler damals spielte. „Nach 1945 sah sich Bühler, zuvor als Maler der deutschen 'Seelenlandschaft' gefeiert, auf einmal verfemt, vergessen.“ (Carlheinz Gräter)

Die Jechtinger schauen hinüber ins Elsaß und hatten früher viele Beziehungen dorthin. Ihr Dialekt ist so ähnlich, daß sie für Elsässer gehalten werden, wenn sie drüben Besuche machen. „Unser Dorf spricht ebe so gut Elsässisch wie kein anderes Dorf zwischen Colmar und Schlettstadt“, erzählt ein alter Jechtinger. „Ich werd ja auch manchmal gefragt: Isch de Mössjö vo Colmar?“

Burg Sponeck, Jechtingen

20

Limberg

Wohl kaum eine Stelle im Breisgau bietet so vielfältige Einblicke in die Geschichte und Natur wie der kleine Limberg bei Sasbach am Rhein. Dieser Hügel wurde Millionen Jahre vor unserer Zeit als kleine Nebensache des Kaiserstuhlvulkans gebildet, und schon da fing es mit den Besonderheiten an, denn die Lavaströme brachten hier ein seltenes Gestein ans Tageslicht. Es wird Limburgit genannt und kann in den alten Steinbrüchen besichtigt werden, in denen schon die Römer ihr Baumaterial gebrochen und rheinabwärts bis nach Straßburg verschifft haben.

Für die Bedeutung des Limbergs entscheidend war allerdings nicht seine geologische Beschaffenheit, sondern seine Lage direkt am Rhein, ursprünglich sogar halbinselartig in einer Flußschleife, also auf drei Seiten von Wasser umgeben. Wie eine natürliche Festung ragte er so aus der Ebene auf, und sein Hochplateau bot sich als sicherer Siedlungsplatz an - mit freier Sicht in alle Richtungen. Dazu kam seine Funktion als Brükkenkopf in der ehemals wilden Stromlandschaft, in der sich der Rhein immer wieder andere Wege suchte und bei Hochwasser über die Ufer trat.

Kein Wunder, daß die Menschen bei so günstigen Bedingungen hier offenbar durch alle Zeiten hindurch den Fluß überquert, Siedlungen angelegt und militärische Stützpunkte errichtet haben. Schon in der jüngeren Steinzeit gab es auf dem Limberg ein befestigtes Dorf, eine der größten Höhensiedlungen der Michelsberger Kultur im Oberrheintal. Später bauten die Kelten hier oben eine Stadt, ein „Oppidum" mit dem typischen Schutzwall, dem „murus Gallicus". Und am Rhein unten lag ein keltisches Fischerdorf, es hat wohl die Stadt auf dem Berg mit Nahrung versorgt.

Nach den Kelten die Römer, die Franken und Alemannen - alle waren sie hier. Heute berichten Tafeln am Wegrand von ihnen, der Bogen spannt sich vom befestigten Steinzeitdorf bis zum Westwallbunker, der unter der Limburg im Boden steckt. Auch über die Geologie und Pflanzenwelt, die Rheinkorrektur und den Weinbau informiert dieser wissenschaftliche Lehrpfad sehr abwechslungsreich. Die kleine Wanderung über den Hügel bringt aber auch ein starkes Erlebnis der Landschaft, die weiten Blicke laden zum Verweilen ein.

Abweichend vom üblichen Startpunkt beim Parkplatz am Rhein empfiehlt sich für eine sanftere Annäherung der Aufstieg von Sasbach zur Wallfahrtskapelle auf dem Litzelberg, dem kleinen Bruder des Limbergs. Ein alter Pilgerweg führt durch die Reben nach oben und bietet ständig die schönsten Ausblik-

Litzelberg, Sasbach

ke, bis die Baumgruppe beginnt, aus der das Türmchen der Kapelle ragt. Hier wird eine Madonna seit unbekannter Zeit verehrt, die Wallfahrt hatte im 17. und 18. Jahrhundert großen Zuspruch. Im angebauten Kaplaneihaus wohnte ein Eremit.

Ein Vorgängerbau der heutigen Kapelle wurde von einem Besitzer der Limburg als eine Art Hauskapelle ausgestattet. Johann Hannibal Girardi von Castell fand auch seine Ruhestätte in einer Gruft unter dem Chorraum.

Der Platz auf dem Hügel verführt zu der Vermutung, daß sich hier bereits ein vorchristliches Heiligtum befunden haben könnte. Bei der starken Präsenz heidnischer Kulturen am Limberg drängt sich die Vorstellung auf.

Von der Kapelle durch die Mulde, in der das keltische Fischerdorf lag, und hinauf zu der Höhe mit all ihren historischen Stätten. Dann beim Keltenwall am Nordende des Plateaus durch den Wald hinab zur Burgruine. Der ganze bewaldete Hang über dem Rhein ist ein Gelände für spannende Erkundungen; Pfade schlängeln sich durch die üppige Vegetation, die Mauerreste, Schützengräben und Felsgestein birgt.

Unten fällt der Blick auf die Stelle, wo früher die Fähre verkehrte und zuletzt eine Pontonbrücke installiert war. Das Rattern der Räder auf den eisernen Planken gehörte zu diesem Ort, bis die neue Brücke etwas flußabwärts die Ufer verband.

Drüben in Marckolsheim sollte in den 70er Jahren ein Bleichemiewerk gebaut werden, aber die badisch-elsässischen Bürgerinitiativen konnten es mit ihren Demonstrationen verhindern. Auf dem Limberg gibt es deshalb neben dem beschilderten „Breisgaublick", dem „Kaiserstuhlblick" und dem „Vogesenblick" noch einen inoffiziellen „hoffnungsvollen Blick".

21

Lorettoberg

Dieser Hügel gehört wie der Schloßberg zu den „Schicksalsbergen" Freiburgs, er wurde auch „Schlachtberg" und „Blutberg" genannt, weil hier (und am Schönberg) im Jahr 1644 eine der fürchterlichsten Schlachten des 30jährigen Krieges tobte. Bayerische Truppen unter Feldmarschall Franz von Mercy schlugen die angreifenden Franzosen ab, Tausende von Soldaten verloren ihr Leben. Zum Gedenken daran wurde die Lorettokapelle auf dem Rücken gebaut, der damals noch Schlierberg hieß.

„Während des heißen Schlachtgetümmels gelobte der Freiburger Bürger und Oberzunftmeister Christoph Mang", so wird in einem Freiburger Lesebuch vom Anfang unseres Jahrhunderts erzählt, „er wolle der Mutter Gottes ein Kirchlein auf der Stätte des Kampfes errichten, wenn die Stadt aus diesen Drangsalen glücklich errettet werde. Und er fand Erhörung. Nach hartem Kampfe mußten die Franzosen weichen."

Mang löste sein Versprechen ein. Sein Freund, der Freiburger Kapuziner Schächtelin, machte den Vorschlag, die Kapelle nach dem Vorbild der Kirche im italienischen Loreto zu erstellen. „Dieser Gedanke fand begeisterte Zustimmung in der Einwohnerschaft, und alle wollten zu dem guten Werke beitragen. Die Wohlhabenden spendeten Geld, die ärmeren Leute leisteten Handarbeit." Am Josephstag 1657 wurde der Grundstein gelegt, und bald gab es hier oben „drei Kirchlein unter einem Dach", eine Marienkapelle, eine Annakapelle und eine Josephskapelle. Am Josephstag (19. März) entwickelte sich später eine Wallfahrt zu diesem Ort, so kam der Name „Josephsbergle" auf. „Am Josefsbergle" heißt eine Straße an der Seite Richtung Merzhausen.

Auf einem Spaziergang über den Hügel werden die unterschiedlichsten Einblicke und Ausblicke geboten. Von der Lorettostraße den Bergleweg hinauf, und schon bringt der alte Steinbruch einen Sprung in die Zeit um 1200, als hier der Buntsandstein für den ersten Münsterbau geholt wurde. Oben bei der Kapelle die alten Bäume, die Aussicht über die Stadt und die Stelle, wo Ludwig XV. im Jahr 1744, also hundert Jahre nach jener blutigen Schlacht, eine erneute Belagerung Freiburgs beobachtete.

„Er stand in der Tür zur Kapelle", so heißt es, „als eine Kanonenkugel dicht über seinem Haupte in die Mauer schlug. Da drohte der König, er werde das Münster zerschießen lassen, wenn man seinen Standpunkt weiter gefährde. Daraufhin gaben die deutschen Kanoniere auf dem Schloßberg ihren Geschossen eine andere Richtung."

Weiter oben der Hildaturm, nach der Großherzogin Hilda von Baden benannt, die gern am Lorettoberg spazierenging. Und auf dem nächsten Buckel, dem Gipfel des Lorettobergs, eine überraschende Wildnis, abenteuerliche Pfade so nah bei der Stadt; vom Spemannplatz geht es hinauf. „Wer im Gelände zu lesen versteht", so Walter Vetter, „erkennt die Reste von Flakstellungen aus dem Zweiten Weltkrieg. Für die Flaksoldaten war dies übrigens der Lorettoberg, denn ihre Unterkunftsbaracken standen auf dem eigentlichen Lorettoberg, auf der Wiese westlich der Kapelle, was stets einen beschwerlichen Anmarsch erforderlich machte."

Eine weitere erstaunliche Wildnis, ein Feuchtbiotop, kann nach dem Abstieg zur Merzhauser Straße erlebt werden - die zugewachsenen und wassergefüllten Tongruben der früheren Ziegelei. In einem Weiher, der inzwischen ausgetrocknet ist, hat der Zoologe und Nobelpreisträger Hans Spemann Forschungsversuche gemacht.

Und vom Rande des Wäldchens reicht der Blick zu dem bunten Leben hinüber, das sich heute in den ehemaligen Kasernen entfaltet - am Anfang des Hexentals.

22

Schönberg

Nicht nur schön ist dieser Berg, der die Freiburger Bucht nach Süden begrenzt, sondern auch ein Konzentrat von Geschichten und außergewöhnlichen Orten. Das läßt sich besonders reizvoll auf einer Wanderung erleben, die in St. Georgen beginnt und hinter dem Bahnhöfle zunächst in die Bergbaugeschichte führt. Das ehemalige Verwaltungsgebäude der Zeche steht noch, die vom Ende der 30er bis Anfang der 40er Jahre in Betrieb war, um Eisenerz zu fördern. Auch das Mundloch des „Eisenbahnstollens“ ist noch vorhanden. Da schaut man durch ein Gitter in den Berg hinein, auf nassem Boden liegt eine Schiene der Schmalspurbahn, und über diesem Eingang erin-

Bergwerk bei St. Georgen

nert ein Gemälde an die Arbeitswelt: Zwei Bergleute stemmen sich mit der Bohrmaschine gegen den Fels.

Auf dem Gelände der heutigen anthroposophischen Bildungsstätte herrschte damals ein anderer Betrieb. „Eine alte Fotografie zeigt“, so berichtet Walter Fahl, „wie der gesamte Platz mit Material, insbesondere mit Rohren und dem Strebe- und Pokaleisen zum Stollenausbau bedeckt ist. Grubenwagen stehen da, eine kleine Lok ist vorgespannt ... Mitten auf dem Platz erhoben sich die klotzigen Betonbunker.“

Von den Betontürmen reden heute noch manche in St. Georgen und Haslach, weil sie dort als Jugendliche Feten gefeiert und Blödsinn gemacht haben. Der letzte Silo dieser Art steht über Ebringen im Wald.

Der Weg führt jetzt zwischen Gärten den Hang hinauf, durch den Wald zur „Sängerruhe“ und in das Tälchen hinunter, wo die Verbindung zum Schönberghof und zur Schneeburg verläuft. Hier heißt es, auf einen Steinbruch zu achten. Er muß der „Heidenkeller“ sein oder zumindest erinnert er an ihn, der als „ältester Steinbruch am Schinberg“ überliefert ist.

In Verbindung mit dem Gewann „Venusberg“ gegenüber ergibt sich eine konkrete Anknüpfung an die Sage von der „Venusgrotte am Schinberg“: Ein Ritter der Schneeburg, „der Jahre lang viele und große Verbrechen beging und in Üppigkeit und wilder Sinnenlust seine Tage und Nächte verschwelgte“, pilgert nach Rom und bittet den Papst um Vergebung der Sünden. Doch ohne Erfolg. So zieht der Ritter trostlos nach Hause. „Als er aber das Thal hinauf nach seinem Schlosse ritt, sah er seitwärts den Eingang des Berges, in welchem die heidnische Göttin Venus ihren üppigen Hofhalt verlebt hatte, offen; rauschende Musik und süße Lieder klangen ihm daraus entgegen und lockten sein verzweiflungsvolles Herz mit so unwiderstehlicher Gewalt, daß er, um seine innere Qual zu vergessen, mit seinem Pferde hineinsprengte in die Tiefe des Berges." Dort wird er dann bei Grabungen tot und noch auf dem Pferd sitzend gefunden.

Eine „Anknüpfung der alten Tannhäusersage an eine Örtlichkeit im Breisgau" wird darin gesehen. Aber verblüffend ist besonders die Bemerkung zu den Namen „Heidenkeller" und „Venusgrotte" in Schreibers Sagensammlung aus dem letzten Jahrhundert: „Thatsächlich erzählen noch heute die Bewohner Uffhausens, daß in der Anhöhe nahe dem Bahnübergang, wo ein Brunnen sich befindet, die Heiden gewohnt hätten ... Man habe gerade dort oft nachgegraben, aber niemals sei man zum Saale der Venus selbst vorgedrungen. Gewöhnlich wurden die Arbeiter durch etwas Unheimliches in Schrecken gesetzt, oder es ergab sich sonst ein Hindernis."

Höhlen wurden in diesem Kalksteinberg immer wieder gefunden und haben die Phantasie angeregt. Schließlich kommt ja eine Höhle bereits in der Sage vom Drachen vor, dem das Volk Menschenopfer bringen mußte und der von dem jungen Ritter Georg erlegt wurde.

Beim weiteren Aufstieg sind rechts des Weges Geländeformen zu sehen, die auf den Bergbau zurückgehen, bis Betonfundamente und zugeschüttete Stolleneingänge wieder eine zentrale Stelle dieser Arbeitswelt markieren. Bald öffnet sich der Wald in die Viehweiden hinauf, der Schönberghof erscheint, ein besonderer Ort schon als Wirtschaftshof der Schneeburg und ebenso später, als die Burg nur noch eine Ruine war. Einsam gelegen, ein Ziel für Plünderer, mehrfach zerstört, mit der sanktgallischen Herrschaft in Ebringen verbunden - und eine Heimat starker Bauerngeschlechter, aus denen ein Josef Zimmermann im 18. Jahrhundert hervorragt, der als Autodidakt Violine spielte, Kunstwerke schnitzte und Uhren baute. „Seine Uhren konnten mehrere Stücke spielen und besaßen Figuren, die sich zur Musik bewegten“, so Walter Fahl. „Jedes seiner Stücke war anders und stellte ein nicht zu übertreffendes Meisterwerk dar. Sein Ruf ging weit über den Bereich seiner Heimat hinaus.“

Über dem Hof und besonders gut vom Waldrand bei der Schneeburg läßt sich visuell eine Verbindung zu den älteren Zeiten herstellen - zum Plateau auf dem Schönbergkopf, es sei denn, die Kräfte reichen für eine Besteigung, die sehr zu empfehlen ist, weil oben ein starker Platz die Anstrengung lohnt. Er war von verschiedenen Kulturen besiedelt, aus den Jahrtausenden von der Jungsteinzeit bis zu den Kelten wurden immer wieder Funde gemacht, vor allem an den Maulwurfshügeln, denn die Tierchen transportieren die Stücke nach oben, sind Helfer der Archäologie. Auf der markanten Höhe ist auch ein heidnisches Heiligtum denkbar. Die neuen Heiden unserer Zeit haben den Platz jedenfalls für naturreligiöse Erlebnisse entdeckt.

Nach dem Abstieg ein Blick auf die Schneeburg-Ruine und anschließend die Waldstraße Richtung Ebringen hinab. Am Ende einer langen Geraden wird die Stelle erreicht, wo der letzte Betonturm des Bergwerks im Dickicht steht - ein unheimlicher Ort. Südlich davon sind noch weitere Spuren zu finden: Stolleneingänge, Erdeinbrüche und ein düsteres Tor aus Beton im Wald.

Zurück auf die Straße und weiter hinab bis zur Haarnadelkurve, wo rechts ein Weg abzweigt, der schön am bewaldeten Berghang über Ebringen entlangführt, manchmal Ausblicke bietet - auf eine Orchideenwiese und hinüber zu dem Bergsattel, wo die Berghauser Kapelle an die verschwundene Siedlung Berghausen („Perchusa“) erinnert. Sieben Gehöfte („sieben Pflüge“) sollen es gewesen sein. Das Kirchlein wurde später zum Wallfahrtsort.

Bergwerk-Silo bei Ebringen

Jetzt Richtung St. Georgen und immer wieder Besonderheiten am Wegesrand - das rote Waldvögelein und Tollkirschensträucher. Oder ein Abstecher zu einem Schauplatz der Schlacht von 1644, das Gelände namens „Bohl“, wo auch das „Schlachtenkreuz“ an die gefallenen Bayern und Franzosen erinnert.

„Noch Jahre lang lagen die Gebeine der Erschlagenen in den Weinbergen und im Walde umher“, so ein Bericht aus dem letzten Jahrhundert, „endlich wurden sie in eine große Grube gesammelt, mit zwei Steinplatten, wovon eine die Jahreszahl 1644 trug, bedeckt und ein hölzernes Kreuz dabei aufgerichtet. Das war das denkwürdige Beinhaus auf dem Bohl an der Grenzscheide von Leutersberg und Ebringen, das mehr als ein Jahrhundert überdauerte.“

Äußerst seltsam, was sich hier weiter abspielte: Als die Grabstätte zu einem heimlichen „Wallfahrtsziel“ wurde und „wegen des abergläubischen Gebrauches der Gebeine als Heilmittel für verschiedene körperliche Leiden“, ließ der Pfarrer im Jahr 1791 alles an einen unbekannten Ort schaffen.

Wieder auf St. Georgen zu - und am Waldrand fast ein Fluggefühl bei der freien Sicht über das Land, über Freiburg, den Breisgau und in die Rheinebene hinaus. Bei gutem Wetter ein grandioses Finale.

Und schließlich im Zickzack hinab zwischen Reben und Gärten in traumhafter Lage. Unten ein anderer Anblick: auf den Äckern der St. Georgener Bauern ein Gewerbegebiet. Dazwischen zeigt ein Kreis aus hohen Pappeln den merkwürdigen St. Georgener See an, der nach der Sage unergründlich tief sei: „Schon öfter suchte man diesen See aufzufüllen, aber noch nie ist es - für die Dauer - gelungen. So hat man man z. B. bei der Erbauung der jetzigen Kirche in den Jahren 1866 ff. alle Steine und allen Schutt von der alten Kirche dahingeführt und dort abgeladen, so daß fast gar kein Wasser mehr zu sehen war, aber nichts hat bis heute gründlich geholfen."

An diesem „wunderbaren und geheimnisvollen See", so heißt es, stand früher einmal ein Schloß. Die Bewohner waren „sehr übermütig, üppig und gottlos". Zur Strafe sei das Schloß versunken, und man habe seither keine Spur mehr davon gefunden. „An der Stelle aber, wo es einstens stand, hausen jetzt Nixen im See, welche diejenigen - namentlich Kinder -, die zu nahe sich an's Wasser wagen, zu sich hinabziehen."

Dieser See, heute nur noch ein Tümpel, wurde immer mehr von der vorrückenden Bebauung bedrängt. Daß es ihn noch gibt, ist wirklich eine Art Wunder und ein Zeichen dafür, daß doch nicht alles so kalt und rational abgeht wie es manchmal erscheint.

Ölberg bei Ehrenstetten

23

Ölberg

Wo das Hexental in die Rheinebene mündet, schaut dieser Ausläufer der Schönberggruppe nach Süden, die Möhlin fließt an seinem Fuß, Grotten bieten Schutz, von den Felsen kann das Land überblickt werden, also ein idealer Platz für die frühen Jäger und Sammler - bis zu ihnen reicht die Erkundung des Ölbergs zurück.

Sie beginnt an der Kirche in Ehrenstetten und führt oberhalb in eine Wildnis am Hang, ein Pfad schlängelt sich durch ein Wäldchen. Später ein Wiesenweg unter weißen Felsen, vielfältige Vegetation wie kaum irgendwo. Und in dieser wildromantischen Gegend auch noch die Grotten, in denen schon die Ren-

„Teufelsküche", Ölberg

tierjäger der Altsteinzeit saßen. Die Stelle wird „Teufelsküche" genannt.

Der Ölberg-Rundweg führt nach einem Blick auf den Weiler Gütighofen an der Rückseite des Hügels hinauf. Dort wird plötzlich der versteckte Steinbruch sichtbar, das riesige Loch gegenüber und das Kalkwerk davor. Die Hausdächer in der Nähe sind mit weißem Staub bedeckt. „Geräusch der Sprengungen im Kalkwerk hinrollend über die Wälder", so die Dichterin Marie Luise Kaschnitz in Bollschweil. Hier wurden manchmal auch Höhlen freigelegt, die eine Ahnung gaben von den unterirdischen Geheimnissen. Walter Fahl erwähnt, „daß es die vor Jahren angetroffene weite und verzweigte Höhlung nicht mehr gibt - ihre Quarze und Tropfsteinbildungen mußten dem Abbau weichen".

Jetzt geht es steil den Ölberg hinauf bis zu der höchsten Stelle, die deutlich von Wall und Graben umgeben ist. Vorgeschichtliche Scherben aus der Anlage weisen auf die alte Nutzung der Höhe hin. Heute ist die Kuppe mit einem jungen Buchenwald bewachsen, Maiglöckchen am Boden - ein stiller und stimmungsvoller Ort.

Und was dazu gehört, um diesen Hügel ganz zu erleben, das ist der Blick beim Verlassen des Waldes über Ehrenstetten in die Rheinebene hinaus, die nach Südwesten unendlich erscheint. Ein weiteres Erlebnis wäre der Wein vom Ölberg, aber das trifft im Breisgau auf viele Orte zu. Immerhin eine Möglichkeit, einen Hügel auch geschmacklich wahrzunehmen . . .

Ehrenstetter Grund

24

Kegelriß

In solchen Gegenden wie bei Ehrenstetten mit starken landschaftlichen Reizen konzentrieren sich oft die geschichtlichen Stätten und auch die berühmten Personen - hier sind es drei aus dem künstlerischen Bereich: die Schriftstellerin Marie Luise Kaschnitz in Bollschweil, der Bildhauer, Maler und Architekt Christian Wentzinger aus Ehrenstetten, und den dritten Namen würde niemand hier vermuten: Karl May! Er war mehrmals in dem alten „Lehenhof" zu Besuch, oben an der Höhe beim heutigen Waldparkplatz „Ehrenstetter Grund" und beim Schützenhaus, weil sein Freiburger Verleger Fehsenfeld diesen Hof als Jagdhaus nutzte. Hier haben sie nächtelang Karten gespielt und so stark Zigarren geraucht, daß der Kanarienvogel schließlich tot im Käfig lag.

In schriftstellerischer Weise haben sich diese Aufenthalte allerdings nicht ausgewirkt, obwohl gerade die Gegend um Ehrenstetten genug Anregungen geboten hätte. Aber dafür hat sich Karl May offenbar nicht interessiert, sein Blick war ja auf ferne exotische Schauplätze gerichtet. Er wußte wohl nicht, daß sich ganz in der Nähe so manche Exotik finden läßt.

Zum Beispiel gleich auf dem Hügel namens „Kegelriß", zu dem der „Kegelrißweg" führt - vom Parkplatz am „Lehenhof" vorbei und dann an einem Obstgarten entlang, der mit den Methoden der biologisch-dynamischen Landwirtschaft betrieben wird. Eine bunte Gesellschaft von Bäumen, nicht nur von Obstbäumen, auch die verschiedensten Laub- und Nadelbäume stehen dazwischen. Diese Nachbarschaft hat einen tieferen Sinn.

Nach einigen Kurven in den Wald hinauf erscheinen die ersten Wälle einer keltischen Höhensiedlung; die Archäologen sprechen sogar von einer stadtartigen Anlage, sie haben hier keltische Silbermünzen gefunden, die über weite Teile des Innenraums verstreut waren. Wer dem Ringwall folgt, kann sich die Ausmaße vorstellen. Aber warum an diesem Ort in der Landschaft? Die Erklärung könnte der Bergbau sein. Gleich unten im Ehrenstetter Grund erinnern Spuren daran.

Wo der Weg den Keltenwall durchschneidet, der hier besonders gut erhalten ist, geht es in Richtung Ehrenstetter Grund bald steil hinab, und auf der Talsohle kann dann bequem bei Vogelgezwitscher und Bachgeplätscher die Stelle talaufwärts erreicht werden, wo eine in den Fels gehauene „Radstube" vom alten Bergbau stammt. In der Felskammer lief ein großes Wasserrad, das für den Betrieb eine wichtige Funktion hatte. In der Gegend können aufmerksame Beobachter ferner Spuren eines

Keltenwall auf dem „Kegelriß“

Hangkanals, eines künstlichen Teiches und von Schächten erkennen.

In dem langen, schmalen Tal zweigen immer wieder Wege in Seitentälchen ab, zum Beispiel der „Feimlisburgweg“, der schon als Name neugierig macht. Er steigt hinauf zu der rätselhaften Feimlisburg, von der nur noch Reste zu ahnen sind, bei der aber wieder die Position in der Landschaft besticht - schwer zugänglich und zurückgezogen, dennoch mit Blick in die Rheinebene hinaus.

Der Rückweg durch den Ehrenstetter Grund ist gegen Abend ein Weg ins Licht. Wo sich das Tal weitet, steht eine kleine Kapelle auf der Wiese am Bach. Das ist ein Ort voll Poesie, besonders dann, wenn die starken Plätze in der Umgebung einbezogen werden und sich zu einer Schwingung vereinigen, zu einer „Frequenz der Landschaft“, die zwar physikalisch nicht gemessen aber von Menschen empfangen werden kann.

25

Rödelsburg

Wer immer wieder von Freiburg aus das Hexental hinaufschaut, fragt sich eines Tages, was es mit dem zerzausten Bukkel ganz hinten auf sich hat, der so markant über den anderen thront. Das ist die Rödelsburg auf dem Bergrücken vor dem Münstertal. Die Stelle liegt wie die Feimlisburg schwer zugänglich hoch oben; zur Orientierung dient der Name Kohlplatz, dorthin führen Wanderwege von allen Seiten - vom Münstertal, von Staufen oder weniger bekannt durch den Ambringer Grund. Eine Sage berichtet von einer Burg, einem Bergwerk und einem Schatz im Ambringer Grund.

Auf der Karte ist westlich vom Kohlplatz die „Ruine Rödelsburg" eingetragen, vor Ort sind allerdings keine Hinweise zu finden, also muß auf einen steilen Kegel geachtet werden und auf einen Pfad, der hinaufsteigt zum abenteuerlichen Teil mit einem höheren Schwierigkeitsgrad. Schon der Anstieg durch den Wald ist extrem, und oben geht es in einem wüsten Durcheinander von Steinbrocken und Pflanzen nur mühsam voran. Aber die Aussicht vom Gipfel entschädigt für die Anstrengung. Hier bei den zerzausten Bäumen, die von Freiburg aus zu sehen sind, wird die Landschaft wie aus der Vogelschau erlebt, der ganze Raum ringsum: Hexental und Schönberg, Münstertal und Belchen, Rheinebene und Vogesen.

Von der Burg auf dieser beherrschenden Höhe ist außer dem Trümmerfeld noch unterhalb eine wallartige Befestigung vorhanden. Ob es eine mittelalterliche Burg war, die wahrscheinlich zum Bergbau eine Beziehung hatte, oder eine ältere, frühgeschichtliche Anlage, muß erst noch geklärt werden. Für die Atmosphäre des Platzes trägt gerade das Unbestimmbare bei.

In den Sagen des Breisgaus kommt die Rödelsburg mit einem geisterhaften Edelfräulein vor, das erlöst werden will und dafür einen Hirtenbuben einspannt, der allerdings erfolglos bleibt. Erstaunlicher sind Wegnamen in der Nähe: „Hexenbodenweg" und „Hexenbuckelweg". Es sind außer dem Buckel mit der Rödelsburg noch andere, die auf dem Rücken sitzen, der sich bis nach Staufen hinunterzieht. Der Weg über die Etzenbacher Höhe berührt immer wieder felsige Zonen, eine war offenbar früher einmal bewohnt, die Bezeichnung „Schloßreste" weist darauf hin. Wenn hier wirklich eine Burg stand, hat sie vermutlich in den Auseinandersetzungen zwischen den Herren von Staufen und dem Kloster St. Trudpert eine Rolle gespielt.

Kurz vor dem Waldrand über Staufen lädt die Johanneskapelle zu einem Besuch ein. Sie wurde im 17. Jahrhundert von einem Einsiedler auf dem „dürren Buck" erbaut. Die passende Ergänzung, wenn jemand vom „Hexenbuckel" kommt.

Rödelsburg

26

Scharfenstein

Er steht direkt an der vielbefahrenen Straße vom Münstertal zum Wiedener Eck, aber die wenigsten kennen ihn näher. Die meisten werfen vielleicht vom Auto aus einen verwunderten Blick auf die mächtige Felswand, das war dann der Scharfenstein. „Mit Bangen und Zagen mochten einst die Wanderer im Mittelalter den alten Saumpfad an dieser Stelle passiert haben", so beginnt eine Sage, „denn hier erhob sich hoch über dem Wege eine wohlbefestigte Burg, ausschließlich errichtet zur Beherrschung des Passes und im Besitze des gefürchteten Adelsgeschlechtes derer von Staufen."

Eine Wanderung auf seinen Gipfel macht den Felsen zu einem starken Erlebnis. Vom Parkplatz in der Kurve geht es hinauf, hierher führt auch ein Wanderweg vom Münstertal. Bald zweigt links der Pfad zum Scharfenstein ab, dort wird es dann steil und gefährlich, der Weg ist in schlechtem Zustand, deutlich zu sehen, daß ihn kaum jemand benutzt. Er steigt von hinten auf das Felsennest, überall liegen Steinbrocken am Hang, oben die kümmerlichen Spuren der Burg. Von ihr aus wurde die Straße und der Bergbau überwacht. Sie soll 1346 von den Freiburgern zerstört worden sein, auch die Stadt Münster im Münstertal.

Um den Besitz der Burg stritten sich im 13. Jahrhundert das Kloster St. Trudpert und seine Vögte, die Herren von Staufen, die auf der Burg saßen und zum Teil eher Bedrücker als Schirmherren waren. „Und besonders einer von ihnen soll in grausamer Weise mit den Leuten des obern Münstertals verfahren sein. Mancher, der sich den Grausamkeiten widersetzte oder von den schwarzen Plänen des Scharfensteiners zu viel wußte,

Scharfenstein

mußte dies büßen im tiefen Burgverließ. Am Fuße des Scharfensteins entspringt eine Quelle. Die Sage erzählt, daß das die Tränen seien, die im Burgverließ geweint wurden." (Freiburger Zeitung 1925)

In einer anderen Sage (nach Schreiber) hatte der letzte Scharfensteiner eine „verstohlene Neigung" zu einem Pflegekind, das zur blühenden Jungfrau herangewachsen war. Seine Gemahlin aber schloß er ein, und zwar nicht auf dem Scharfenstein, „sondern drüben am Heidenstein, in tiefster Wildnis unter den Gewölben einer alten Römerburg, auf der Stelle, die man jetzt noch die Burgeck nennt, sollte sie langsam verschmachten".

Eine genaue Ortsbeschreibung - die Sage ist reich an interessanten Details. So kommt die Rettung „durch die Klugheit und Treue eines auf Burg Scharfenstein wenig beachteten Geschöpfes, eines wegen seiner Häßlichkeit schlecht behandelten Hundes namens Blauli, so benannt wegen seines grauen, in's Blaue spielenden zottigen Pelzes ... Durch einen unterirdischen Gang, wahrscheinlich einen längst vergessenen Stollen, hatte er Zugang zu ihr gefunden."

So kann der Rückweg doch mit einem Lächeln angetreten werden nach den schrecklichen Rittergeschichten - und mit einer Neugier auf den Heidenstein. Immer wieder weist ein Ort zum andern. Jetzt ausgerechnet zum Heidenstein (Heidstein). Sagenhaftes überlagert sich mit Berichten aus anderen Grenzgebieten. Dieser Berg beim Belchen wird von Adolphe Landspurg, dem Wünschelrutengänger aus dem Elsaß, als „heiliger Berg" bezeichnet. Er habe seine „ursprüngliche Schwingung weitgehend bewahren können, da er kaum besucht wird. Bei den Messungen am Gipfel erhalten wir für den ersten Kult das Jahr 675 v. Chr. Der Heidstein ist einer der am stärksten schwingenden Orte des Schwarzwaldes. Wo könnte man also besser Energie tanken?"

27

Schlatt

Die unscheinbarsten Orte haben oft Erstaunliches zu bieten, ein Beispiel ist das kleine Dorf Schlatt bei Bad Krozingen mit dem Schlatter Bergle, einem guten Aussichtspunkt. Er läßt sich leicht vom Bahnhof Bad Krozingen aus mit einem Spaziergang durch den Kurpark erreichen, und durch Felder geht es dann zu den Reben hinauf. Von dem Dorf Schlatt ist noch nichts zu sehen, es liegt versteckt hinter dem Hügel, aber ein früheres Dorf taucht in der Vorstellung auf - eine keltische Höhensiedlung hier oben, wo jetzt der Wein wächst; sie wurde auf dem nördlichen Sporn entdeckt, der nach Westen und Osten steil abfällt.

Mit dieser befestigten Hallstattsiedlung hängen sehr wahrscheinlich die Grabhügel in der Ebene zusammen, die als „Fürstengrabhügel" bezeichnet werden. Dazu in dem neuen Standartwerk über die Kelten in Baden-Württemberg: „Vom ehemals größten Hügel, dem Hittebuck, heißt es um 1800, er sei 12 m hoch, um 1839 beschreibt ihn der Freiburger Altertumsforscher Schreiber noch als 4,5 m hohen Hügel. Durch ständiges Lehmabtragen zur Verbesserung der umliegenden kiesigen Felder wurde dieser Fürstenhügel immer mehr zerstört, und heute ist nur noch ein jämmerlicher, kaum erahnbarer Rest am Waldrand und unter einem Feldweg zurückgeblieben."

Dieser „Heidenbuck" oder „Hunnenbuck" westlich des Dorfes wurde früher im Volk als das Grab des Hunnenkonigs Attila angesehen, der nach einer Sage mit seinen Schätzen und einem lebensgroßen goldenen Götzenkalb hier begraben sei. Nachdem ein Raubgräber wirklich das goldene Kalb gesucht hatte, wurde einer der Hügel 1933 archäologisch erforscht und

Schlatt

als keltische Anlage erkannt. Aufsehen erregte besonders ein Ring aus Eisenschlacken und Asche im Hügel. Er zeigt an, welche Bedeutung die Eisenverhüttung für diese Menschen hatte, so kommentieren die Archäologen. Sein Sinn läßt sich wohl nicht genauer ermitteln. Er gilt als einmalig, dieser „Ring von Schlatt".

Ungewöhnliches wird auch vom Schlatter Bergle berichtet: „Dort oben ist ja eine Wasserpumpstation", erzählt Peter Burger, ein sensitiver Erkunder der Landschaft. „Und ich bin mit einer Gruppe von Menschen dort hochgegangen, um ihnen das Fühlen in der Natur zu zeigen. Da waren ein paar sehr sensible Frauen dabei, denen wurde so heiß dort oben, daß sie dann förmlich geflüchtet sind von diesem Berg. Und ich weiß eben auch aus meiner Beobachtung, daß dort insgesamt viel zu viel Energie verborgen ist. Ich möchte nicht behaupten, daß es ein Kraftplatz ist, sondern eher problematisch ..."

Wie dem auch sei - mit der erwähnten Wasserstation kündigt sich die Quelle an, die am Fuße des Hügels entspringt, wo versteckt die Schlatter Kirche steht. Durch die Reben geht es hinab in das Dorf und zu der Stelle, an der sich geschichtliche und atmosphärische Reize konzentrieren, angefangen bei dem Namen „slatta", was ein feuchtes, sumpfiges Gelände meint.

Das Wasser aus der Quellgrotte wurde wohl schon von den Kelten genutzt und verehrt, in der christlichen Zeit berichtet die Sage, die Hunnen hätten das „Frauenkloster bei dem Heilbrunnen und den größten Teil des Dorfes" zerstört. Später hatten die »Lazariter" an diesem „Heilbrunnen" ein Leprosenhaus. Und der Glaube an die Heilkraft der Quelle hielt sich im Volk auch weiter. Bis zum Ende des 18. Jahrhunderts war es üblich, die Säuglinge am Tauftag zuerst in die Quelle zu tauchen, um sie dann in die nahe Kirche zu tragen. Auch konnte man damals auf dem Appolinaris-Altar der Kirche manchmal

Quellgrotte, Schlatt

sieche Kinder liegen sehen, die oft von weit hergebracht und von der „alten Müllerin" durch das Bächlein gezogen wurden, wie es in der Überlieferung heißt.

Aus dieser Quelle wurde das Dorf von alters her versorgt, das Wasser trieb auch die Dorfmühle an und später ein kleines Kraftwerk. Außerdem fanden hier in einem Gasthaus „Quelle" (mit Brauerei) und in einem Lustgarten am Hang rauschende Feste statt, „Italienische Nächte", wie sie der Ortschronist Alfons Kind beschrieben hat:

„Bis in die Zeit zwischen den Kriegen riefen die Wirte auf der 'Quelle' am Berg oftmals zu ihren 'Lichtfesten' auf. In den Anlagen am Hang stieg eine Lichterkette in den Farben des Regenbogens bei einbrechender Dunkelheit zum Himmel. Das Feuerwerk fesselte Hunderte von Neugierigen, die oft von

Bei der Quelle in Schlatt

weither sich einfanden ... Schlatter Maidli servierten Wein. Man stach das 'große Faß' an. Wenn im Osten das Frühlicht aufblitzte, brachen die Besucher auf und verschwanden in alle Himmelsrichtungen."

Und von der Quelle zum Bach: Er ist das andere Schlatter Heiligtum, ihn lieben die Dorfbewohner ganz besonders. Auch die Besucher werden von den prächtigen Regenbogenforellen gefesselt, die in der Strömung stehen und durch die Dohlen flitzen.

Hier treibt nach der Sage das „Waschweibl" sein Unwesen: „Es plätschert und tätschelt und watschelt im Wasser ...; es wird nicht gesehen, aber deutlich gehört und sehr gefürchtet." Überhaupt geistern in der Sage von Schlatt viele gute und böse Gestalten durchs Dorf und über die Felder; sie haben zum Teil drollige Namen - der „Popili", das „Schrötili", der „Chuchihänsel" und der „Schimmelireiter". Auch in dieser Hinsicht fällt der kleine Ort auf. Für Begegnungen mit einer übernatürlichen Ebene scheint die Gegend besonders geeignet zu sein ...

So am Bach entlang durchs Dorf spazieren, in der Weinstube vielleicht einen Faßwein trinken, mit Blick zu dem Hügel, wo die Kelten saßen - das kann mehr bringen als ein berühmter Ausflugsort.

28

Sulzburg

Das abseits gelegene Städtchen hat eine erstaunliche Dichte an interessanten Plätzen, gleichzeitig bietet sich das stille Tal für schöne Spaziergänge an. Schon vorn fällt der Kastelberg mit seiner Waldkrone über den steilen Rebhängen auf, ein typischer Burgplatz, von hinten über einen Sattel zu erreichen. Dort oben wird eine frühmittelalterliche Burg angenommen, dürftige Spuren sind noch zu erkennen. So auch auf dem anderen Burghügel, dem „Schlößleberg" direkt über dem Städtchen: deutlich die Formen des Burggrabens, an einer Ecke Mauerreste, von Büschen überwuchert. Das Gelände wird heute als Viehweide genutzt.

Aber das sind spezielle Abstecher auf die besten Aussichtspunkte, die weiteren Stellen konzentrieren sich unten im Tal: am Marktplatz das Bergbaumuseum in der ehemaligen Stadtkirche und die Reste des markgräflichen Schlosses aus dem 16. Jahrhundert. Damals war Sulzburg eine „florisante" Bergbaustadt. Um die 500 Bergleute sollen in den Silbergruben gearbeitet haben. Daß hier der Bergbau im Vordergrund stand, zeigt auch das Stadtsiegel, 1283 erstmals erwähnt, das als ältestes deutsches Städtewappen mit bergbaulichen Sinnbildern gilt. Ein Bergmann geht auf ein Stollenmundloch zu, darüber sitzt ein Engel und weist auf einen Stern am Himmel, was Glück verheißen soll.

Diese Schauplätze liegen talaufwärts, jetzt geht es zunächst in das ehemalige jüdische „Stetl" an der Gustav-Weil-Straße, der damaligen Judengasse. Gustav Weil, einer der bedeutendsten Orientalisten im 19. Jahrhundert und erster jüdischer Professor an der Universität Heidelberg, stammte aus diesem Milieu. „Hier haben sich die Sulzburger Juden, die nicht von vornherein zusammenlebten, mit der Zeit angesiedelt: Nahe ihrer Synagoge, dem Gemeindehaus, dem Armenhaus und der 'Judenwirtschaft' Zum Wilden Mann. Eine jüdische Konfessionsschule gab es seit 1795", so berichtet Ingeborg Hecht. „In der einstigen Judengasse hat sich fast vierhundert Jahre lang jüdisches Gemeindeleben abgespielt - mit Bräuchen, Religion, Forschung und Lehre."

Die restaurierte Synagoge ist heute eine Begegnungsstätte, in der etwas von diesem Leben vermittelt wird.

Durch die Gustav-Weil-Straße zur Brücke über den Sulzbach und auf der anderen Seite in den früheren Klosterbezirk mit der tausend Jahre alten Kirche St. Cyriak, gestiftet von einem Breisgaugraf Birchtilo. In dem urigen Bau beeindruckt vor allem die Krypta, hier haben Sensitive eine starke Strahlung

St. Cyriak, Sulzburg

Bergwerk, Sulzburg

gespürt. „Das ist eine besondere Energie hier unten", sagt Peter Burger, „und es ist für mich ein Platz, wo ich immer spüre, daß ich sehr stark bei mir selbst ankomme."

Weiter talaufwärts weicht von der Straße ein Pfad rechts ab und folgt dem Bach bis zum Sägewerk. Dort zeigen Löcher am Hang und eine kleine Schlucht im Fels den Bergbau an. Eine Tafel informiert über die Grube „Himmelsehre". Ihre Fortsetzung gegenüber als „Riester-Grube" liegt dann am Rückweg - nach einem Besuch des jüdischen Friedhofs oder einem Blick über seine Mauer, wenn er geschlossen ist. Auf einem Mahnmal stehen die Namen der deportierten und ermordeten Sulzburger Juden. Viele Besucher haben hier nach alter Sitte einen Stein abgelegt.

Auf dem Rückweg an der Straße entlang lebt noch einmal die Bergbaugeschichte auf. Über dem Sägewerk ein Stolleneingang, eine Gelegenheit, in den Berg hineinzugehen und sich diese Arbeitsbedingungen näher vorzustellen. An diesem Hang wurden wie auch an anderen Stellen bei den großangelegten Forschungsgrabungen in jüngster Zeit viele Bergbauspuren entdeckt. Die größte Überraschung war die unscheinbare Wiese („Geißmättle") nahe beim Stolleneingang. Mauerreste von der römischen Zeit bis ins 16. Jahrhundert zeigen die zentrale Bedeutung des Platzes.

Der Bergbau im Sulzbachtal reicht bis zu den Römern zurück, so wurde öfter betont, von den Kelten lägen keine konkreten Hinweise vor. Doch die Menschen haben schon viel früher an diesen Hängen gegraben, in vorgeschichtlicher Zeit zum Beispiel nach einem besonderen mineralischen Rohstoff, dem Hämatit, wie die Spuren zeigen. Dieses Eisenoxid war wegen seiner roten Farbe für Kultzwecke begehrt, diente aber auch für die Bemalung von Keramik und andere Zwecke. Für die Steinzeit gilt Hämatit als eine „typische und kulturübergreifende Grabbeigabe". Seine Farbe wurde wahrscheinlich „mit der Farbe des Blutes und somit des Lebens in Verbindung gebracht und begründet seine Einbindung in kultisch-religiöse Handlungen", so in der Geschichte Sulzburgs. Also Breisgaubewohner mit roter Körperbemalung? Exotische Heimat, kann man da nur sagen.

29

Betberg

Buggingen fällt im Landschaftsbild vor allem durch den „Monte Kalino“ auf, die Schutthalde des ehemaligen Kalibergwerks, diese fremdartige Spitze in der Ebene, ein Monument der Industriegeschichte, inzwischen von Pflanzen besiedelt, die sonst nur an Meeresküsten zu finden sind. Aber Buggingen zeigt ganz andere Seiten, wenn man sich dem Ortsteil Betberg zuwendet, oben im Hügelland über dem Dorf gelegen. Ein alter Hohlweg führt auf eine Höhe mit weiter Sicht in alle Richtungen.

Auf diesem ausgesuchten Platz steht eine der ältesten Kirchen der Gegend, schon im 8. Jahrhundert erwähnt, ja eine religiöse Prägung wird schon aus vorchristlicher Zeit vermutet. Da ist von den „drei Bethen“ die Rede, auch als die „drei Matronen“ bekannt. Für Hilde Küchlin in dem winzigen Dorf unter der Kirche sind sie ein Begriff. Die alten Leute hätten früher davon erzählt, wenn sie an Winterabenden zusammensaßen:

„Wisse Sie, do obe sin doch d'Kelte gsi, un die hän e Kult um drei Jungfraue gha, des sin Bethen gsi. Wart emol: Einbeth, Wilbeth un Warbeth hän sie gheiße.“

Von daher also „Betberg“? Ein früherer Pfarrer hat solche Zusammenhänge angedeutet. Er kam außerdem über den ältesten Namen des Ortes („Patapere“) auf ein alemannisches „Götterhüttlein“. Die Vorstellung paßt gut zu der Stelle, eine ähnliche Situation wie bei vielen alten Höhenkirchen, die oft an heidnischen Kultstätten errichtet wurden. Hier war es ein alemannischer Adliger, der die erste christliche Kirche als Eigenkirche für seinen Herrensitz bauen ließ.

An die spätere Wallfahrt auf den Betberg erinnert unter anderem ein Gewann mit Namen „Eselgschrei“, erzählt Hilde Küchlin. „Do hän sie d'Esel abgstellt, do unte, des kann ma sich gut vorstelle, wenn ma do hielauft. Des isch abseits, die Kerli hän jo als briält, nit!“

So kann ein Flurname an ein Kapitel Geschichte erinnern - wie zum Beispiel auch der Name des alten, tiefen Hohlwegs zwischen Betberg und Buggingen. Er wird heute noch „Totenweg“ oder „Totegaß“ genannt. Früher haben die Bugginger ihre Verstorbenen hinauf nach Betberg gebracht, zur „Urkirche“ der Gegend, um sie dort zu begraben. Von Seefelden und von anderen Seiten führen ebenfalls alte Wege hinauf, die in all den Jahrhunderten die Kirchgänger gewandert sind. Auch heute ist es die beste Art, sich Betberg anzunähern und etwas von diesem Ort zu begreifen - nicht auf der Autostraße, sondern zu Fuß durch den dunklen Hohlweg mit seinen gespenstischen Wurzeln hinauf ins Licht.

Betberg

Hohlweg von Buggingen nach Betberg

Die alte Kirche hat eine wechselvolle Geschichte hinter sich, von der auch Wandmalereien aus dem Bauernkrieg erzählen (speziell die Figuren an der Turmwand auf der Empore). Sie gehören zu den Besonderheiten in diesem Gebäude - wie die Orgel des Silbermann-Schülers Georg Marcus Stein.

Als Besonderheit von heute fällt aber etwas anderes auf: jeden Abend Andacht, jeden Donnerstag als Abendmahl. Dann kommen die Besucher auch von weiter her und beleben den magischen Hügel mit seinen Treppen und Mauerbögen in der Dämmerung. Und der Pfarrhof wurde zu einem „Haus der Besinnung" ausgebaut - ein evangelisches Zentrum auf einem alten Platz.

Daneben schmiegt sich das Dörfchen Betberg mit seinen dreißig Häusern und 130 Bewohnern an den Hügel, von Reben, Feldern und Obstgärten umgeben. Ein paradiesisches Bild. Der kleine Ort hat keine Vereine, die sind unten in Buggingen zuhause. Der einzige Treffpunkt ist eine Straußwirtschaft - zeitweise im Jahr und dann ein beliebtes Ziel abseits der großen Straßen. Und die Kirche ist immer geöffnet, Tag und Nacht, wie der Pfarrer betont. Falls jemand einen Platz zum Beten braucht oder nicht weiß, wo er seinen Rausch ausschlafen soll ...

30

Freiburger Schloßberg

Wo die Hauptstraße vom Breisgau in den Schwarzwald führt und wo sie umgekehrt das Gebirge verläßt, hat dieser Hügel schon immer als Aussichtspunkt gedient. Das ist er auch heute über der großen Stadt und dem gewaltigen Verkehr, der sich ins Dreisamtal drängt. Mit seinen steilen Hängen bot er sich als Burgplatz und als Festung an, was die Zähringer nutzten, später die Österreicher und Franzosen - und was ihn vor allem berühmt gemacht hat.

Die französische Festung, die sich vom Schwabentor bis zum höchsten Punkt des Berges erstreckte, war nach den Zeichnungen aus jener Zeit eine vielfältig gegliederte Anlage mit einem unteren und einem oberen Schloß, verschiedenen Zwischenbauten, Verbindungsgängen und Seitenschanzen. Heute erfordert es einige Phantasie, um im Gelände die Spuren zu erkennen; die Franzosen haben ja selbst ihre Zitadelle im 18. Jahrhundert wieder in die Luft gejagt, zusammen mit der Festung um Freiburg herum. Und den Rest haben die Umgestaltungen zum Erholungsgebiet besorgt.

Doch die Spuren sind vorhanden. Bei einem Aufstieg vom Schwabentor her sind bald die ersten Terrassen erreicht, markiert durch das Greiffeneggschlößle und den Kanonenplatz. Darüber die „Ludwigshöhe", wo das untere Schloß der Franzosen, vorher das österreichische und am Anfang die Burg der Zähringer stand; der tiefe Graben dahinter stammt davon. Vielleicht hat hier schon ein römischer Wachturm gestanden, die Vermutung kommt öfter vor.

Auf der anderen Seite der Schlucht werden die Spuren nach dem Bismarckturm schwächer, aber der Weg auf dem Kamm läßt sich gut als eine Verbindung zur nächsten Bastion denken. Sie befand sich etwa in der Mitte zwischen dem unteren und oberen Schloß, die Stelle ist mit einer Tafel markiert: „Hier stand die Sternschanze, erbaut 1677, geschleift 1745." Dieser Punkt wurde auch „Salzbüchsle" genannt, ein „Plan du Salzbüchsly" zeigt einen Donjon oder Bergfried auf einem Felsen in der Mitte der kleinen Festung. Schließlich auf dem Gipfelplateau das große Fort mit spitzen Zacken nach außen, heute deuten nur noch ungewöhnliche Erdformationen an, daß hier etwas stand: Kasernen für Tausende von Soldaten, das Haus des Kommandanten und der Offiziere sowie die Garnisonskapelle „Saint Esprit".

Französische Namen schwirren hier überall herum, wenn an die Beschreibungen und Pläne dieser Vauban-Festung gedacht wird: „Fort St. Pierre", „Fort de l'Aigle", die Redouten „Grand Escargot" und „Petit Escargot" und so weiter. Das trägt dazu bei, daß diese Spurensuche trotz kriegerischem Hintergrund auch ihre Reize hat.

Auf dem höchsten Plateau sind noch Fundamente einer Fliegerabwehrstation aus dem Ersten Weltkrieg zu sehen, und damit sollte die Militärgeschichte dieses Hügels beendet sein - wenn auch die Stadt zu seinen Füßen 1944 in Schutt und Asche sank. Aber seit damals blieb er von Kriegen verschont, die neuen Schutzbunker in seiner Tiefe wurden nicht gebraucht.

So ein Bunkereingang liegt am „Hexenwegle“ oder „Augustinerwegle“, das andere Seiten des Schloßbergs zeigt. Es führt vom Schwabentorplatz am Rebhang und an alten Mauern entlang, an denen sich im Sommer die Eidechsen sonnen. Unten fließt der Gewerbebach. Und hinten am Waldrand beginnt eine fast vergessene, verwilderte Zone mit Mauerresten und einem zerfallenen Brunnen im Gestrüpp. Die befestigten Terrassen und Relikte von Treppen am Steilhang haben mit früherem Weinbau zu tun. Im Wald wirken sie jetzt rätselhaft. Eine Treppe führt genau zu einem alten, knorrigen Baum wie zu einem Naturheiligtum. Weiter oben trifft der Pfad auf den Burghaldering.

In den Sagen kommt der Schloßberg mit ähnlichen Motiven wie andere Burghügel vor: Ein unterirdischer Gang führt ins Münster hinab, einem Schatzgräber erscheinen Zwerge und „Kegelgeister“ mit einem goldenen Kegelspiel, in der heiligen Nacht sitzt oben „eine Frau, weiß gekleidet, mit einem großen Schlüsselbunde, in einem Feuerkreise, und spielt mit feurigen Steinchen“. Und früh morgens oder am Abend zeigt sich manchmal am Schloßberg „ein wunderschönes Fräulein in weißem, wallendem Gewand mit einem Kranz von Reblaub und Epheu ob ihrem goldlockigen Köpfchen“. Das wird als Vorzeichen gedeutet, daß es besonders guten Wein gibt.

Und in der Richtung zum hinteren Schloßberg wird ein sagenhafter Brunnen erwähnt: „Wer aber vom Geisbrunnen oder Silberbrünnlein, wie es auch genannt wird, etwas Rechtes erfahren will, der lasse sich die Mühe nicht reuen und gehe in der Neujahrsnacht hin, so wird er ein Männlein finden, das nicht viele Worte macht, aber viel andeutet. Denn, so das Jahr gut wird, hält es drei Ähren in einer und drei Trauben in der anderen Hand und nickt freundlich zu; wird aber das Jahr schlecht, so sind die Hände des Männleins leer, und es macht dabei ein saueres Gesicht."

Die vielen Leute, die in der Neujahrsnacht auf dem Kanonenplatz ihre Kracher loslassen, wissen davon wahrscheinlich nichts. Aber sie wissen vielleicht von Liebesabenteuern auf dem Schloßberg, dafür war er immer bekannt.

Das Brünnlein läßt an ein altes Quellheiligtum hinten am Fuße des Roßkopfes denken und an die heilige Odilia aus dem Elsaß, die auf der Flucht vor ihrem Vater in einem Felsen Schutz gefunden hatte, wie die Sage erzählt. „Und in der Höhle, welche Ottilien geborgen, entsprang ein kristallklarer, frischer Quell, der mit Heilkraft begabt war für kranke Augen."

St. Ottilien könnte der Auftakt einer speziellen Tour sein: die vielen Kapellen im Dreisamtal, der Pfarrer Franz Kern hat ihnen ein ganzes Buch gewidmet. Manche sind mit sonderbaren Geschichten verbunden, so die „Schlangenkapelle" im Attental mit einer Schlangenplage oder eine Hofkapelle in Burg am Wald mit den Schweden im 30jährigen Krieg.

Für alte Kapellen interessiert sich auch der Rutengänger Adolphe Landspurg. Die Ottilienkapelle bezeichnet er als „Ort der Kraft, der dem Materiemenschen helfen kann, ein Lichtmensch zu werden". Nicht einfach - bei dem profanen Betrieb an diesem beliebten Ausflugsort.

31

Kybfelsen

Manchmal spielen Kindheitserinnerungen mit, wenn ein Ort besonders intensiv erlebt wird. Beim Kybfelsen auf dem Bergrücken zwischen Dreisamtal und Günterstal wird es wohl bei vielen so sein, die in Freiburg aufgewachsen sind. Hoch oben über der Stadt auf den Felsen herumklettern, in eine Höhle kriechen, Mauerreste entdecken und von einer Burg phantasieren, das hat immer magisch angelockt.

Und heute gehen die Erkundungen weiter, sie führen bis zu der Bemerkung eines Jüngers der „Geomantie", jener Grenzwissenschaft, die sich mit den Energien von Untergrund und Atmosphäre befaßt: Ja, der Kybfelsen sei auch geomantisch bedeutsam. Eine Freundin habe starke Erlebnisse gehabt …

Zurückblickend taucht zunächst die sagenhafte „Kyburg" auf, deren „Herr Günter" das Kloster Günterstal gestiftet habe. Von Schätzen ist die Rede und wie so oft von einem schwarzen Pudel, der sie bewacht. Der Teufel soll vom Kybfelsen aus einen großen Brocken gegen die junge Klosterniederlassung geschleudert haben. Bei diesem Felsen hätten sich dann die Feldarbeiter zum Vesperbrot getroffen, und bald sei dort ein Wirtshaus entstanden.

Die Funde zeigen, daß die Burg schon im 13. Jahrhundert aufgegeben wurde. Durch die ungewöhnliche Höhenlage „muß das Leben auf dieser Burg sehr ungemütlich gewesen sein. Einen guten Teil seiner Zeit dürfte das sicher spärliche 'Personal' mit der Beschaffung und dem Transport von Wasser, Pferdefutter, Nahrungsmitteln und Brennholz verbracht haben, denn alles mußte mühsam auf die Burg hinaufgeschafft werden", so schreibt der Archäologe Heiko Wagner, der diesen Platz erforscht hat.

Aber diese Felsenhöhe war schon früher besiedelt. Die Fundobjekte stammen auch aus keltischer Zeit, der Bronzezeit und sogar aus der Steinzeit. „Die Menge der Funde in mindestens zwei verschiedenen vorgeschichtlichen Phasen deutet insgesamt eher auf eine Höhensiedlung als auf ein Heiligtum ... Der weite Rundblick, die Sichtverbindung zum vorgeschichtlich besiedelten Schönberg und Verbindungswege zwischen den Tälern ... könnten hier eine Rolle gespielt haben. Dennoch ist die unerwartet frühe Nutzung oder Besiedlung des Kybfelsens überraschend, der damit einen der höchstgelegenen vorgeschichtlichen Fundplätze im Schwarzwald darstellt."

Diese Erkenntnisse wurden vor allem durch neuere Oberflächenfunde bei Begehungen gewonnen, also ohne Grabungen. So wird das Gelände geschont; und es zeigt sich wieder einmal, was mit Aufmerksamkeit möglich ist.

32

Oberried

Das Dorf in dem Kessel hinter dem Schauinsland ist ein guter Ausgangspunkt zu besonderen Eindrücken der Natur und Geschichte. Da fasziniert die Felsenwelt am Zastler Tal und zum Hinterwaldkopf hinauf, da fordert die „Wilde Schneeburg“ heraus, ihren Standort zu finden, der Sage in das enge Tal Richtung Notschrei zu folgen: „Wo Bruckbach und Haselbach sich vereinigen, in der Nähe der ’üblen Brücke’, steht noch der uralte Bauernhof ’zum Schneeberger’, einst des berüchtigten Holzschmugglers, des Schweitzerjörg, Behausung; darüber, am westlichen Abhang des hohen Farrenstein liegen die letzten Trümmer des Raubnestes, der Schneeburg.“

Noch weiter oben im St. Wilhelmer Tal beginnt die Geschichte des Klosters Oberried im 13. Jahrhundert mit einer kleinen Niederlassung der Nonnen von Günterstal, die von der Ordensleitung angewiesen wurden, „die Nähe der geräuschvollen Stadt Freiburg zu verlassen und sich in der stillen Abgeschiedenheit des Waldthales von Oberried anzusiedeln". Diese neue Heimat war aber „eine schauerliche, kaum zugängliche, am Fuße des Feldbergs, in rauher Luft, auf steinigem Erdreich gelegene Wildnis, die von hohen, dicht bewaldeten Bergen und schroffen Felsen umschlossen ist". Die Nonnen hielten es hier nicht lange aus und kehrten nach Günterstal zurück.

Später übernahmen „Wilhelmiten" aus dem Elsaß das verwaiste Anwesen, von ihnen hat das Tal seinen Namen erhalten. Im Laufe der Jahrhunderte mehrfach durch Brand zerstört, ist das Kloster im 30jährigen Krieg untergegangen. Es wurde danach auf einem besseren Gelände mitten in Oberried neu gebaut, wo es heute noch steht.

Die ehemalige Klosterkirche geriet durch ein mysteriöses Kreuz in die Sagenwelt. Der Körper des Gekreuzigten ist sehr drastisch modelliert, und die Haare sind nicht geschnitzt, sondern sind echte Menschenhaare. Früher wurde erzählt, daß die Haare wachsen würden und daß ein Student zu Tode gestürzt sei, als er eine Probe machen wollte und mit einem Messer in der Hand auf eine Leiter stieg.

Die Legende von den wachsenden Haaren könnte nach Meinung eines früheren Pfarrers so erklärt werden: „Im Lauf der Jahre müssen die Haare erneuert werden, die neuen Haare sehen natürlich schöner und vollkommener aus als die alten. Wenn nun fremde Kirchenbesucher das Kreuz im alten Zustand gesehen haben und einige Zeit später dann im neuen, dann entsteht der Eindruck, die Haare seien gewachsen."

Das Kreuz ist viel älter als die Kirche, die „Wilhelmiten" haben es wohl aus dem Elsaß mitgebracht. Im Laufe der Zeit wurde es zu einem Wallfahrtsziel. Und es zieht immer noch die Menschen an. Der Ort hat eine Wirkung, die der heutige Pfarrer so beschreibt: „Mit dem Beten an Wallfahrtsorten ist es wie mit der Luft! Luft gibt es überall, aber an manchen Orten ist sie besonders gesund und heilkräftig (Luftkurort). Beten kann man auch überall, aber an manchen Orten kann man besonders gut beten. So ein Plätzchen ist hier vor dem Kreuz."

Natürlich haben sich die Phantasien in Oberried wie sonst in der Gegend auch um den Bergbau gedreht, nur wird hier ausnahmsweise eine reiche Goldgrube erwähnt. Auf unsere Zeit übertragen paßt der Begriff zu einer „Datenbank" in einem Bergwerkstollen bei Oberried. Atombombensicher sind hier auf Mikrofilm die wichtigsten Urkunden, Pläne und sonstigen Kulturgüter gespeichert - eine staatliche Einrichtung.

Vielleicht finden einmal Menschen in ferner Zukunft diesen Stollen und wundern sich über den Inhalt, wie wir uns über alte Schriftrollen in einer Höhle wundern. Dann sind auch wir eine versunkene Kultur, und die Zukunftsmenschen pilgern zu der Fundstelle am Berg. Sie kommen vielleicht mit Schiffen, weil ein Meeresarm bis ins Dreisamtal reicht.

33

Tarodunum

Im oberen Dreisamtal bilden die zusammenfließenden Quellbäche bei Kirchzarten ein Dreieck, das von den Kelten als Festung ausgebaut wurde. Sie nutzten die natürlichen Böschungen an den Ufern und erhöhten sie künstlich, so war das Gelände auf zwei Seiten geschützt. An der dritten Seite zog sich der „Heidengraben" quer durch das Tal. Er hat, wie der Name sagt, die Phantasie des Volkes beschäftigt, und die ganze Anlage hat immer wieder Forscher angelockt. So berichtete die Freiburger Zeitung im September 1935 unter der Überschrift „Neue Feststellungen in Tarodunum": „Eine Ausgrabung von Geheimrat Fabricius und Prof. Leonhardt 1901 hat festgestellt, daß der Graben ehemals 12 Meter breit und vier Meter tief war;

dahinter war ein mächtiger Wall angeschüttet, dessen Ueberreste noch zwischen Rainhof und 'Schlüssel' zu sehen sind. Die Ränder der Volksburg waren durch Erdwälle mit Steinfront gesichert. Heute zwar sieht man nur eine leichte Erhebung; aber 1931 konnte bei einem Hausbau nahe dem Brandenburger Hof eine ausgezeichnet erhaltene Mauerstirn festgestellt werden. Dasselbe ist in den letzten Wochen für die Nordseite geschehen."

Die Befestigung an den Bächen läßt sich gut im Bereich der neuen „Birkenhofsiedlung" nachvollziehen (die Hauptstraße heißt Keltenring!) und bei der Wirtschaft Zur Birke, ebenso drüben in Burg am Wald. Ein Spaziergang über das Gelände ist deshalb so spannend, weil die Lage und Größe eines keltischen Platzes erlebt wird, der lange Zeit ein Rätsel war. In der Antike als „Tarodunum" erwähnt, als spätkeltische Befestigungsanlage identifiziert, aber ohne Siedlungsreste im Innern. Wo haben die Menschen gewohnt?

Knapp ein Kilometer westlich, so heißt es nach neuen Erkundungen, fand sich ein Siedlungsareal aus der gleichen Zeit, vergleichbar mit den keltischen Großsiedlungen von Breisach und Basel. Die Bewohner haben wohl in der Nachbarschaft an einer besser geschützten Stelle eine Befestigung gebaut, weil die Zeiten für sie unsicher wurden. Sie haben sie nicht mehr benutzt, sondern sind ausgewandert. Auf der einen Seite wurden sie von den Römern, auf der anderen von Germanen bedrängt. Manche mögen auch im Schwarzwald geblieben sein. Und die Reste der Keltenstadt stecken heute noch im Boden, sind Geheimnisse im Dreisamtal.

Rund um die einstige Heidenstadt stehen heute in seltener Dichte Kapellen, auf dem Giersberg, auf dem Lindenberg, in Himmelreich, an vielen Höfen und sogar ganz modern als Privatkapelle eines berühmten Verlegers - die „Vaterunserkapelle"

Burg-Birkenhof, Kirchzarten

am Eingang des Ibentals. Die Gegend hat auch in dieser Hinsicht eine starke Ladung, obwohl unten auf der neuen Straße Tag und Nacht der Verkehr braust.

An die Mythen der vorchristlichen Zeit erinnert ein modernes Kunstwerk in der „Birkenhofsiedlung“. Ein hohes Tor steht auf dem runden Platz, eine Art „Heidentor“ - so heißt eine keltische Kultstätte auf der Schwäbischen Alb. Dort ist es eine natürliche Felsbildung, zu der die Menschen damals gepilgert sind. Bei Ausgrabungen wurden vor allem Bestandteile der weiblichen Tracht gefunden. Was das bedeutet, ist unbekannt. – Eine Assoziation zu dem Torsymbol, das überhaupt in den Religionen der Welt eine wichtige Stellung hat.

34

Wiesneck

Am Ende des Dreisamtals über dem Zartener Becken hatte die Burg Wiesneck im Mittelalter eine beherrschende Position. Hier läßt sich das Dreisamtal überblicken, hier führen drei Täler in den Schwarzwald hinauf - das Höllental, das Wagensteigtal und das Ibental. Der Burgplatz hat heute immer noch seine Wirkung, wenn auch der Wald die Aussicht behindert. Aber die wenig besuchte Ruine über der anthroposophischen Klinik bezieht gerade daraus ihren Reiz des Verborgenen. Wie die Natur das Gemäuer erobert, wie aber doch noch markante Fragmente der Phantasie auf die Sprünge helfen, das erzeugt eine seltsame Stimmung, die traumhaft in andere Zeiten hinübergleiten kann.

Was ist von den Wiesneckern bekannt? Daß sie Rivalen der Zähringer waren, daß sie das Kloster St. Märgen gegründet haben „als provokative Behinderung der zähringischen Entwicklungsabsichten; St. Märgen wurde zum Wiesnecker Stachel im Fleisch der Zähringer Schwarzwaldpolitik", so Hans Konrad Schneider in seinem Dreisamtalbuch. - Daß später die Freiburger Familie Snewlin die Burg übernahm und „mit Faustrecht und Gewalt" gegen die Mönche in St. Märgen vorging, sogar Äbte ermordete. Daß die Burg Wiesneck und die zugehörige Vogtei an das Freiburger Geschlecht von Blumeneck verkauft wurde und sich der Streit fortsetzte. Wieder wird ein Abt ermordet - so ist die Wiesneck negativ geprägt.

Auch den Schatzgräbern ist es - nach der Sage - schlimm ergangen: „Ein furchtbares Brüllen donnerte in ihre Ohren hinein und als sie sich entsetzt umkehrten, fühlten sie über ihrem Nacken die zottigen Tatzen des Höllenhundes und sahen, wie er mit feuersprühenden Radaugen sie anglotzte und den Rachen öffnete, sie zu verschlingen."

Am hellen Tag läßt sich manchmal ein Fräulein von Wiesneck sehen „wie ein heller Lichtstreifen, mitten im Gebüsche oder in dem dunkeln Gemäuer ... Wer aber mit beschwertem Gewissen oder mit böser Absicht in ihre Nähe kommt, der hat gewöhnlich seine Unvorsichtigkeit sehr zu bereuen. Eh' er sich versieht, schlingt sich das Dorngebüsch so fest um ihn, daß er nicht mehr vorwärts kann ... Oder es wird vom Turme Mauerwerk auf ihn herabgeschüttet, und er steht in Gefahr, lebendig begraben zu werden."

Ganz ungefährlich ist es nicht, diese Burg zu besteigen, aber es muß ja nicht immer der höchste Punkt sein, die Atmosphäre überträgt sich auch im unteren Teil.

Der Rückweg führt von der Waldstraße einen Pfad hinunter zu einem Teich in idyllischer Talnische, von dort über das

Burg Wiesneck

Klinikgelände oder zur „Vaterunserkapelle“, einer Spezialität auch künstlerisch, und weiter über die Felder mit freier Sicht in den Landschaftsraum. Spätere Generationen werden sich danach zurücksehnen, wenn alles bebaut ist.

35

Falkenstein

„Die gewaltige Burgruine Wiesneck zeichnet sich durch fast völlige Zerstörung und pittoreske Überwucherung aus, während die Reste der hoch gelegenen Falkenstein den erschöpften Zivilisations-Flüchtling durch ihre Komfortlosigkeit das Grausen lehren.“ So der Burgenspezialist Franz-Peter Hudek, der für beide Besuche gutes Schuhwerk empfiehlt und strenge Beaufsichtigung der Kinder wegen Absturzgefahr.

Die Burg Falkenstein hockte direkt über dem Weg durch das Höllental, um diese wichtige Verbindung zu kontrollieren, und die Position war ebenso günstig, als die Ritter zu Raubrittern wurden und die Reisenden überfielen. „Nicht einmal arme Fußwanderer kamen ungerupft durch die Hölle; doch nicht vergebens schrieen ihre fortgesetzt ehrlosen Handlungen nach Rache zum Himmel auf“, so heißt es in der Sage. Deshalb hätten die Freiburger die Burg zerstört.

Über ihren Erbauer Kuno, der auf einer kunstvollen Grabplatte in der Kirche von Kirchzarten dargestellt ist, wird berichtet, daß er beim Abschied vor einer Kreuzfahrt den Ehering zerbrochen und seiner Gemahlin Ida eine Hälfte überreicht habe mit den Worten, sie solle sieben Jahre lang auf seine Rückkehr warten, danach sei ihre Ehe aufgelöst. In der Sage wird

Falkenstein, Höllental

Kuno von Falkenstein, Kirchzarten

dann geschildert, wie der Ritter in Gefangenschaft der Türken geriet, wie er ihr später entfliehen konnte und mit Hilfe des Bösen auf einem Löwen nach Hause flog, wo er gerade noch rechtzeitig eintraf, bevor seine Frau einen anderen heiratete. „Noch heute erscheint der Ritter da und dort als 'freundlicher Alter' und führt den einsamen Wanderer, wenn er, vielleicht getäuscht durch eine Irrlist oder geneckt von Kobolden, auf wüster Haide oder im wild verwachsenen Walde des Weges Spur verlor, auf den rechten Weg zurück."

Für ganz Unentwegte noch zwei sagenumwobene Stellen auf der Höhe gegenüber der Burg Falkenstein: Roteck und Schwarzeck sind erwähnt, an beiden Stellen sollen in alter Zeit Burgen gestanden haben. Der letzte Burgherr der Roteck sei ein grausamer Mann gewesen, „der die Leute aus dem Dorfe quälte, wie es ihm sein böser Wille eingab. Bisweilen gefiel es ihm, einen der Dorfbewohner zu sich auf's Schloß zu laden und trefflich zu bewirten ... Noch nie war einer der Eingeladenen je wieder in das Dorf zurückgekehrt."

Außerdem verbergen sich im Wald dort oben die Trümmer der Kapelle Schwarzeck. Sie wurde zum Andenken an die wundersame Errettung eines Kindes gestiftet, so heißt es. Das Kind eines Falkensteiger Bauern habe sich auf der Höhe der Schwarzeck verirrt „und konnte aus der düstern Waldung nicht wieder den Weg in's Elternhaus finden. Drei Tage und drei Nächte verbarg sich das Kind unter einem großen Felsen, und jeden Morgen brachte ihm eine weißgekleidete Frau für seine Ernährung ein Brötchen."

Die Kapelle Schwarzeck war früher ein sehr besuchter Wallfahrtsort. Heute führt ein Wanderweg nicht mehr direkt vorbei. „Und doch kann man an den Ort früherer inbrünstiger Gebete gelangen", so Pfarrer Kern, „wenn man vom Hirschsprung aus den Wanderweg zur 'Bildtanne' einschlägt ... Man wende sich von hier auf dem Holzschleifweg nach Norden, gehe am Bergsporn abwärts und wird nach 10 Minuten nachdenklich vor den Ruinen stehen und den Vorfahren den Respekt für den Pilgeraufstieg zu jener Zeit nicht verweigern."

36

Heiligenbrunnen

Bei Hinterzarten stimmt schon der Weg durch das Moor auf das Wasser ein und auf das Quellheiligtum oben am Berg in einer Wiesenmulde, wo die Kapelle „Heiligenbrunnen" steht mit der ehemaligen Pilgerwirtschaft - heute ein beliebtes Ausflugsziel. Die Kapelle wurde wie die „Neun-Geschwister-Kapelle" im Elztal direkt an einer Quelle erbaut, und wie dort wird hier die heilige Notburga verehrt, die schottische Königin, die nach ihrer Vertreibung neun Kinder geboren habe, von denen eines gleich nach der Geburt gestorben sei. Sie hat nach der Legende mit „Hilfe ihres Stabes" einen Brunnen geschlagen und da ihre Kinder getauft.

„Es war fruher der Brauch durch die Jahrhunderte hindurch", so berichtet die Chronik der Pfarrei Neustadt, „die alte Statue der Notburga aus der Kapelle mit in die Häuser zu nehmen, damit bei der Geburt alles gut gehe. Immer, wenn eine Geburt bevorstand, und das galt früher weit häufiger als heute, war die Statue in der Geburtsstube. Die herausnehmbaren 8 Kinder, die die Figur im Arme trug, sind dabei wohl zum Teil verlorengegangen."

Früher hatte Heiligenbrunnen eine große Bedeutung in der Gegend: „Flurprozessionen führten von hier bis nach Neustadt

Heiligenbrunnen, Hinterzarten

und Lenzkirch. Auch von der Sitte, Feldfrüchte als Opfergaben auf den Altar zu legen, wird berichtet."

Also wieder ein Fruchtbarkeitskult und wieder drei heilige Frauen, denn außer der Notburga gehören Maria und Margaretha zu den Schutzheiligen der Kapelle. Sie könnten auch hier die Nachfolgerinnen von drei heidnischen „Matronen" sein.

*

Wer weiter oben im Gebirge außergewöhnliche Orte sucht, findet sie zum Beispiel im Wald beim Schluchsee in Gestalt geheimnisvoller Felsgebilde. Einige werden von Adolphe Landspurg, dem Rutengänger und Mythenforscher, als alte Kultstätten gedeutet.

Am Hinterwaldkopf

Bei aller Vorsicht gegenüber diesen Aussagen können Ausflüge in solche Grenzgebiete zu einem tieferen Verständnis beitragen, oder wie es ein Jünger der „Geomantie“ bei einem Treffen sagte: „Vielleicht gewinnt man dadurch Liebe, Verantwortung, sehr starke Gefühle zu einer Landschaft.“

Dann wird auch anders mit ihr umgegangen. Ansätze sind ja schon da.

LITERATUR

Bittel, Kurt u.a. (Hrsg.): Die Kelten in Baden-Württemberg, Stuttgart 1981
Brommer, Hermann: Der Tuniberg, München-Zürich 1978
Brommer, Hermann (Hrsg.): Wallfahrten im Erzbistum Freiburg, München-Zürich 1990
Buggingen, Gemeinde (Hrsg.): Betberg 789-1989
Dehn, Rolf: Tarodunum und Kegelriß. Neues zur Spätlatènezeit im Breisgau, in: Denkmalpflege in Baden-Württemberg 17/1988
Dehn, Rolf: Zur frühen Geschichte Jechtingens, in: Jechtingen am Kaiserstuhl, hrsg. v. Gerhard Auer, Jechtingen 1992
Denzlingen, Gemeinde (Hrsg.): Alt-Denzlingen, Waldkirch 1987
Drescher, Andrea: Die Stadt auf dem Vulkanfelsen - Schmelztiegel Europas, in: Badische Zeitung 10. Juni 1992
Duerr, Hans Peter: Traumzeit. Über die Grenze zwischen Wildnis und Zivilisation, Frankfurt am Main 1978
Eckermann, Heinrich: Die Studenhöfe, in: Emmendinger Heimatkalender 1984
Erdmann, Elisabeth (Hrsg.): Staufen im Breisgau, Freiburg 1989
Fahl, Walter: Schönberg-Batzenberg-Panorama, Freiburg o. J.
Finke, Heinrich: Der Kapuziner P. Romuald von Freiburg und die Gemeinschaft der Heiligen von Amoltern, in: Zeitschrift für die Geschichte des Oberrheins, Neue Folge, Band XXV.
Fischer, Eugen: Begegnungen mit Toten, Freiburg 1959
Futterer, Adolf: Der St. Michaelsberg bei Riegel und seine Kapelle, Selbstverlag 1927
Goldenberg, Gert: Die montanarchäologische Prospektion, in: Erze, Schlacken und Metalle. Früher Bergbau im Südschwarzwald, Freiburger Universitätsblätter 109/1990
Gräter, Carlheinz: Der Kaiserstuhl und Tuniberg, Mannheim 1976
Grimmer-Dehn, Beate: Die urnenfelderzeitliche Siedlung auf dem Burgberg bei Burkheim, hrsg. v. Museum für Ur- und Frühgeschichte Freiburg
Hecht, Ingeborg: „Ich bin doch geborener Sulzburger und Deutscher", Sulzburg 1994
Heilig, F. (Hrsg.): Aus Freiburgs Vergangenheit und Gegenwart, Freiburg 1914

Hetzel, Ernst: Emmendingen, Freiburg 1976
Kern, Franz: Das Dreisamtal mit seinen Kapellen und Wallfahrten, Freiburg 1986
Kind, Alfons: Bad Krozingen-Schlatt im Rückspiegel, Schlatt 1988
Klein, Gebhard: Breisach. Inbegriff der Kriegsleiden, Breisach 1980
Klug, Jutta: Hallstattzeitliche Höhensiedlungen im Breisgau, in: Denkmalpflege in Baden-Württemberg 14/1985
Kohlhepp, Dieter und Vetter, Walter: Kaiserstuhl und Tuniberg, Freiburg 1983
Köllhofer, Ludwig: Bruderhäusledobel, in: Emmendinger Heimatkalender 1982
Landesanstalt für Umweltschutz Baden-Württemberg (Hrsg.): Naturschutzgebiet Limberg am Kaiserstuhl, Begleiter zum Wissenschaftlichen Lehrpfad bei Sasbach a. Rh., Karlsruhe 1978
Landspurg, Adolphe: Orte der Kraft, Straßburg 1994
Rambach, Hermann: Vom Wahrheitsgehalt Elztäler Volkssagen, Waldkirch 1983
Riegel, Gemeinde (Hrsg.): 1200 Jahre Riegel, Festschrift 1962
Ruf, Josef: Der Urgraben am Kandel, in: Rund um den Kandel, Waldkirch 1981
Schlatterer, Walter: St. Georgen im Breisgau, Freiburg 1986
Schneider, Hans Konrad und Röhrl, Fritz: Zauberisches Dreisamtal, Freiburg 1983
Schreiber, Heinrich: Die Sagen des Breisgaus, Freiburg 1898
Stammnitz, Mathias: Die ehemalige Festung Freiburg im Breisgau, in: Schau-ins-Land 33/1906
Steuer, Heiko: Die Alamannen auf dem Zähringer Burgberg, Stuttgart 1990
Sulzburg, Stadt (Hrsg.): Geschichte der Stadt Sulzburg (Band I), Freiburg 1993
Suppan, Wolfgang (Hrsg.): Ein Berg verändert sein Antlitz, Tiengen bei Freiburg 1970
Teningen, Gemeinde (Hrsg.): Chronik von Nimburg, 1977
Thoma, Willi: Die Kelten im Elztal, in: Waldkircher Heimatbrief 1975
Thoma, Willi: Auch Felsen sind nicht für die Ewigkeit gebaut, in: Rund um den Kandel, Waldkirch 1981
Thoma, Willi: Rätselhafte Schalensteine, in: Rund um den Kandel, Waldkirch 1981

Thoma, Willi: Zu den Silberbergen Suggentals, in: Rund um den Kandel, Waldkirch 1981

Thoma, Willi: Elztäler Sagen, Waldkirch 1986

Vetter, Walter: Freiburg. Ein Führer zu Kunst und Geschichte, Freiburg 1986

Wagner, Heiko: Neue Funde vom „Kybfelsen“ bei Freiburg i. Br., in: Archäologische Nachrichten aus Baden 42/1989

Weber, Josef: Zur Geschichte der Stadt Elzach, Elzach 1978

Weber-Jenisch, Gabriele: Neues zur Ortsgeschichte von Yach, in: „s Eige zeige“, Jahrbuch des Landkreises Emmendingen für Kultur und Geschichte 8/1994

Wickram, Georg: Das Rollwagenbüchlin (Burkheim 1555), Stuttgart 1979

Georg Schmidt-Abels: Geheimnisvoller Breisgau
Wege zu magischen Hügeln
Herstellung: Waldkircher Verlagsgesellschaft mbH.
79183 Waldkirch
Mit Unterstützung der Wägele-Stiftung
ISBN 3-87885-298-3

Die Deutsche Bibliothek - CIP-Einheitsaufnahme

Schmidt-Abels, Georg
Geheimnisvoller Breisgau : Wege zu magischen Hügeln / Georg
Schmidt-Abels. - Waldkirch : Waldkircher Verl., 1995
ISBN 3-87885-298-3

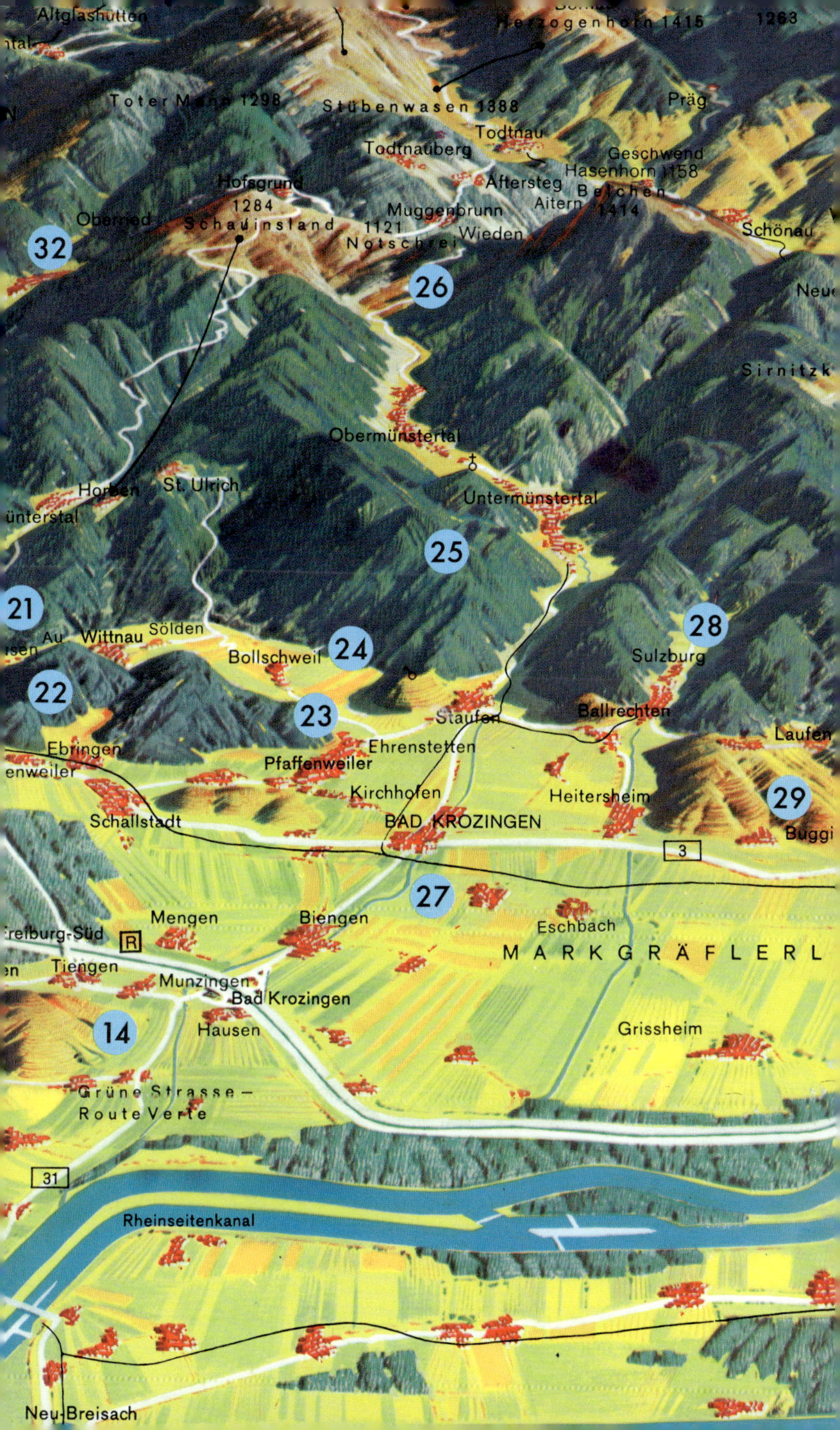

Altglashütten
Herzogenhorn 1415
1263
Toter Mann 1298
Stübenwasen 1388
Präg
Todtnau
Todtnauberg
Geschwend
Hasenhorn 1158
Aftersteg
Belchen
1414
Aitern
Hofsgrund
1284
Schauinsland
Muggenbrunn
Oberried
1121
Notschrei
Wieden
Schönau
32
26
Sirnitzk
Obermünstertal
Horben
St. Ulrich
Untermünstertal
25
21
28
Au
Wittnau
Sölden
Bollschweil
24
Sulzburg
22
23
Staufen
Ballrechten
Laufen
Ebringen
Ehrenstetten
Pfaffenweiler
Kirchhofen
Heitersheim
29
Schallstadt
BAD KROZINGEN
Buggi
3
27
Mengen
Biengen
Eschbach
R
MARKGRÄFLERL
Tiengen
Munzingen
Bad Krozingen
14
Hausen
Grissheim
Grüne Strasse –
Route Verte
31
Rheinseitenkanal
Neu-Breisach

Waldau
Schwarzwald-Panoramastraße
Thurner 1034
Breitnau
St. Märgen
HINTERZARTEN
Höllsteig
HÖLLENTAL
St. Peter
Hirschsprung
1241 Kandel
DREISAMTAL
Grüne Strasse – Route Verte
Schwarzwald-Panoramastraße
Buchenbach
Himmelreich
Burg
Kirchzarten
GLOTTERTAL
Oberglottertal
Stegen
Unterglottertal
294
FREIBURG
Merzhausen
Sexau
Denzlingen
Gundelfingen
Vörstetten
Freiburg-Nord
Freiburg-Mitte
Umkirch
Teningen
Emmendingen-Nimburg
Nimburg
Dreisam
Opfingen
Eichstetten
TUNIBERG
KAISERSTUHL
Gottenheim
Bahlingen
557
Merdingen
Riegel
Schelingen
Badische Weinstraße
Ihringen
Endingen
Bickensohl
Oberbergen
Kiechlinsbergen
Achkarren
Königschaffhausen
Bischoffingen
Oberrotweil
Breisach
Sasbach
Burkheim
RHEIN
1
2
3
4
11
12
15
16
17
18
19
20
30
31
33
34
35
36

Schönenbach
Brend 1148
Furtwangen
Gütenbach
Schönwald
Nussbach
Triberg
Schonach
Rohrhardsberg 1152
SIMONSWÄLDER TAL
8
Yach
Oberprechtal
Obersimonswald
Altsimonswald
Prechtal
Untersimonswald
294
6
9
ELZTAL
Elzach
Oberwinden
5
Biederbach
Bleibach
Gutach
Niederwinden
Kollnau
Katzenmoos
7
Siegelau
Hünersedel 744
Schweighausen
Dörlinbach
Freiamt
Ettenheimmünster
Ottoschwanden
10
Köndringen
3
Kippenheim
13
Ettenheim
Mahlberg
Ringsheim
Kenzingen
Herbolzheim
Ettenheim
Riegel
Grafenhausen
Kappel
Rust
Rheinau